TEN MYTHS ABOUT ISRAEL

解谜
以色列

揭秘历史谎言背后的真相

［以色列］伊兰·帕佩（Ilan Pappe） 著

刘婧 译

图书在版编目（CIP）数据

解谜以色列：揭秘历史谎言背后的真相／（以）伊兰·帕佩著；刘婧译. — 北京：中国民主法制出版社，2024.5

ISBN 978-7-5162-3607-9

Ⅰ.①解… Ⅱ.①伊… ②刘… Ⅲ.①以色列—历史—研究 Ⅳ.①K382

中国国家版本馆CIP数据核字（2024）第080835号
北京市版权局著作权合同登记　图字：01-2024-1448

TEN MYTHS ABOUT ISRAEL
by ILAN PAPPE
Copyright:@ 2017 BY ILAN PAPPE
This edition arranged with VERSO BOOKS
through Big Apple Agency, Inc., Labuan, Malaysia.
Simplified Chinese edition copyright:2024 Beijing Mandarin panorama Co.,LTD
All rights reserved.

图书出品人：刘海涛
出版统筹：石　松
责任编辑：张佳彬
文字编辑：李婷婷

书　　名／解谜以色列：揭秘历史谎言背后的真相
作　　者／［以色列］伊兰·帕佩 著
译　　者／刘　婧 译

出版·发行／中国民主法制出版社
地址／北京市丰台区右安门外玉林里7号（100069）
电话／（010）63055259（总编室）　63058068　63057714（营销中心）
传真／（010）63055259
http：//www.npcpub.com
E-mail／mzfz@npcpub.com
经销／新华书店
开本／32开　880mm×1230mm
印张／7.25　字数／139千字
版本／2024年6月第1版　2024年6月第1次印刷
印刷／文畅阁印刷有限公司

书号／ISBN 978-7-5162-3607-9
定价／68.00元
出版声明／版权所有，侵权必究。

（如有缺页或倒装，本社负责退换）

序 言

在每一场冲突中，历史都位于核心位置。对历史做出真实和公正的理解会为和平提供可能性。相反，歪曲或操纵历史只会播撒灾难。正如巴以冲突所表明的那样，关于历史的虚假信息，即便是不久前发生的事情，也会造成巨大的伤害。这种对历史的故意曲解会令压迫变本加厉，并为殖民统治和占领提供庇护。因此，毫不奇怪，捏造事实和歪曲真相的政策一直延续至今，并在冲突长期化中发挥着重要作用，留给未来渺茫的希望。

关于以色列和巴勒斯坦的过去与现在，种种被捏造出来的谬论阻碍了我们理解这场冲突的起源。同时，对于所有在持续流血和暴力事件中的受害者而言，对相关事实不停地篡改违背和损害着他们的利益。对此我们应该做些什么？

关于这片有争议的土地是如何成为以色列国的，犹太复国主义的历史叙事以一系列迷思①作为基石，而这些迷思巧妙地质疑了巴勒斯坦人对这片土地的道义权利。通常，西方主流媒体和政治精英将这些迷思视为既定事实，且将其当作以色列过去60年来种种行动的正当理由。通常，对这些无稽之谈的默许，可以解释为什么西方政府不愿以任何有意义的方式，去介入自以色列建国以来引发的持续不断的冲突。

这些迷思在公共领域中作为无可辩驳的真理出现——本书对此提出了质疑。在我看来，这些说法是歪曲的、捏造的，可以且必须通过对历史记载更为仔细的推敲来加以驳斥。将流行的假设和历史现实并置，是贯穿全书的主线。我在每一章中都会将一个迷思与真相并置，通过对最新历史研究的考察，揭示出这些公认看法的缺陷。

本书涵盖了十个基本迷思或迷思系列，所有以某种方式关注巴以问题的人，对这些迷思都不会陌生，并且能够加以识别。这些迷思和我反驳的观点将按照年代顺序依次出现。

在第一章里，我们描绘了19世纪末犹太复国主义到来前夕的巴勒斯坦。在这一迷思中，巴勒斯坦被描绘成一片空旷、干旱、几如荒漠一般的土地。后来犹太复国主义者们来到这里，开垦了这片土地。而反驳的论述则揭示了巴勒斯坦在犹太复国主义

---

① 指与真相和科学概念不一致的认识。

者到来之前就已经是一个繁荣的社会，并且正经历着快速现代化和民族化的进程。

巴勒斯坦是"一片无人之地"的迷思与著名的"没有土地的民族"这一迷思相互关联，后者是本书第二章的主题。犹太人真的是巴勒斯坦的原住民吗？而每一种可以让他们"回归"自己"家园"的手段都理应得到尽可能的支持吗？这个迷思坚称，1882年抵达的犹太人是公元70年左右被罗马人驱逐的犹太人的后裔。反驳的观点则对这种血统上的联系提出了质疑。大量的学术研究表明，罗马时期生活在巴勒斯坦的犹太人并没有离开此地。他们起初改信基督教，之后皈依伊斯兰教。这些犹太人的身份仍然是一个悬而未决的问题——他们也许是9世纪皈依犹太教的哈扎尔人（Khazars）；也许，经过了上千年的种族融合，这一问题的答案早就说不清了。更重要的是，我认为在前犹太复国主义时期，世界上的犹太社群与巴勒斯坦之间的联系是宗教和精神层面的，而非政治层面的。在犹太复国主义出现之前，直到16世纪，将犹太人的回归与建国联系起来只是基督教的一个计划，然后成为新教（特别是英国国教）独有的计划。

在第三章，我们会细致考察将犹太复国主义等同于犹太教的迷思（正是因此，反犹太复国主义被说成就是反犹主义）。我会从犹太人对犹太复国主义的态度来做一个历史评估，以及从犹太复国主义者出于殖民以及后来的战略需要对犹太教进行操纵的角度来驳斥两者之间的等同关系。

第四章涉及犹太复国主义与殖民主义的关系。这个迷思是：犹太复国主义是自由的民族解放运动，而反驳的观点则将其描述为一个殖民主义的、实际上是一个定居者的殖民工程，类似于人们在南非、美洲和澳大利亚看到的那些。这种反驳的意义在于它反映了我们如何看待巴勒斯坦人先是对犹太复国主义，而后对以色列发起的抵抗行为。如果以色列只是一个捍卫自己主权的民主国家，那么"巴勒斯坦解放组织"（PLO）等团体就是纯粹的恐怖组织。然而，如果巴勒斯坦的斗争是为了反对殖民主义，那么他们掀起的就是一场反殖民主义运动，他们的国际形象将与以色列及其支持者试图强加给世界舆论的形象大不相同。

第五章重温了与1948年相关的各种著名神话，特意提醒读者：为什么巴勒斯坦人自愿逃亡的不实说法已被专业史学研究成功戳破。本章还探讨了与1948年事件相关的其他迷思。

关于历史事件的最终章节，讲述了1967年的战争是强加给以色列的，以至于这是一场"别无选择"的战争，我对此提出了质疑。在1948年的战争中，以色列对巴勒斯坦的占领几近完成，我断言，以色列1967年发动战争部分原因是他们渴望彻底占领巴勒斯坦。占领约旦河西岸和加沙地带的计划始于1948年，直到1967年6月，由于埃及鲁莽的决定（5月22日，埃及总统贾迈勒·阿卜杜勒·纳赛尔宣布封闭西奈半岛的蒂朗海峡，禁止任何悬挂以色列国旗的船只通过。以色列于15日之后向埃及发动全面攻击，第三次中东战争爆发。——编者注）带来的历史机遇才暂时中止。我会进一步论证，以色列在占领后采取的即时政策也证明了他们对战争蓄谋已久，而非意外地卷入其中。

第七章带我们走入当下。我在想，以色列是一个民主国家还是一个非民主实体？通过调查以色列境内和占领区内的巴勒斯坦人（他们的人数总和几乎占以色列统治人口的一半）的地位，我认同后者。

第八章讲述奥斯陆进程相关的问题。自《奥斯陆协议》签署将近四分之一个世纪后，我们对与这一进程有关的迷思有了更好的认识，可以探究这是一项以失败告终的和平协议呢，还是以色列为了深化占领而成功实施的一种策略。

类似的分析视角也适用于加沙地带，人们普遍认为哈马斯的恐怖主义实质给加沙人民带来了灾难。在第九章中，我选择了不同的看法，以另一种角度去解读加沙自20世纪初以来发生的事情。

最后，在第十章中，我对两国方案是解决巴以问题的唯一出路提出质疑。我们有幸拥有一些杰出的活动家和学术作品，它们批判了这一套路并提供了替代解决方案。它们构成了对这最后一个迷思的有力挑战。

本书的附录中还有一份大事年表，可以帮助读者将书中的观点进一步还原到历史的语境中去思考。

巴以问题是一个经久不衰的话题，无论是初次涉猎该领域的读者，还是相关领域的资深研究者，我衷心希望这本书能够对你们有所助益。这不是一本平衡之书，而是为以色列和巴勒斯坦土地上被殖民、被占领和被压迫的巴勒斯坦人纠正权力平衡做出的又一次尝试。如果犹太复国主义的倡导者或以色列的忠实支持者也愿意参与到本书的讨论中来，那于我将是一个意外的收获。毕竟，这本书出自一位以色列犹太人的笔端，他对以色列的关切程度和对巴勒斯坦的关切程度是一样的。这本书对那些延续不公正的迷思进行驳斥，对生活在这个国家或希望生活在这片土地上的每个人都有好处。以此为基础，人们能够改变现状，打破特权阶层对权力的垄断。

此外，这本书有望成为那些认为了解巴勒斯坦与致力于投身巴勒斯坦民族解放事业同样必要的活动人士的有用工具。本书不能替代许多学者多年来所做的令人难以置信的工作，是他们的贡献才使这样一本书成为可能。不过，本书依然是了解相关话题的一个入口。

有一种观点认为，使命感会摧毁对学术的追求——这是我们这个时代学术界最大的误解。如果我们的学者和学生们能够避免这种错误的认识，那么他们就有机会真正把握这本书的价值。我写这本书是诚挚地邀请未来的学者们走出象牙塔，与他们所代表的社会重新建立联系——无论他们研究的是关于全球变暖、贫困问题还是巴勒斯坦，他们都应该不忘自己开展学术研究的抱负。如果他们所在的大学还没有形成这样的研究风气，面对那些有争议的问题，他们就应该头脑清醒，秉持公正、客观的研究态度，看清这些问题的虚伪之处。

对大众而言，本书的主题看起来非常复杂（当然了，书里某些问题本身就很复杂），不过，我对复杂的主题进行了凝练。其实，从正义和人权的角度来看，这个问题与我们休戚相关，解释起来并不复杂。

最后，我希望这本书能够澄清巴以核心冲突中长久存在的一些深层次误解，历史的、现实的问题都需要厘清。将这些臆测放到最新的研究中进行检验，我们可以看到它们距离历史真相有多远，然后我们就能领悟，对历史记录进行纠偏，是在为和平解决巴以冲突创造机遇。

目　录

第一部分　历史的谬论

第一章　巴勒斯坦是一片无人之地　/ 003

第二章　犹太人是一个没有土地的民族　/ 014

第三章　犹太复国主义等同于犹太教　/ 030

第四章　犹太复国主义不是殖民主义　/ 055

第五章　巴勒斯坦人在1948年是自愿离开家园的　/ 067

第六章　1967年6月的战争是一场"别无选择"的战争　/ 090

第二部分　当今的谬论

第七章　以色列是中东唯一的民主国家　/ 111

第八章　奥斯陆神话　/ 128

第九章　加沙神话　/ 146

第三部分　展望未来

第十章　"两国方案"是唯一的出路　/ 185

结语　21世纪的定居者殖民国家以色列　/ 191

大事年表　/ 195

注释　/ 201

第一部分 历史的谬论

第一章

巴勒斯坦是一片无人之地

自罗马时代以来，今天被称为以色列或巴勒斯坦的地缘政治空间就一直是一个世所公认的政治单元。人们围绕着该地区遥远往昔的地位和状况展开激烈的争论，有人认为《圣经》中对以色列的历史记载能证明其重要地位，另外的人则认为《圣经》等原始资料不具备历史价值。接下来的几章中，我们会谈到这个地区在前罗马历史时代的重要性。不过，学者们似乎达成了一个广泛的共识，即是罗马人将这片土地命名为"Palestina"（巴勒斯提纳），这比所有其他将这片土地以"Palestine"（巴勒斯坦）这一名称命名的历史都要早。在罗马帝国和后来的拜占庭帝国统治时期，巴勒斯坦只是帝国的一个行省，其命运在很大程度上取决于罗马和后来的君士坦丁堡的命运。

从7世纪中叶开始，巴勒斯坦的历史就与阿拉伯和伊斯兰世界息息相关（在中世纪时曾短暂割让给十字军）。巴勒斯坦北部、东部和南部的各个伊斯兰帝国和王朝都渴望控制它，因为它拥有伊斯兰教信仰中仅次于麦加（Mecca）和麦地那（Medina）的圣地耶路撒冷。当然，巴勒斯坦还有其他迷人之处，这里土地肥沃物产丰饶，且战略位置极为重要。今天，我们依然可以看到以色列和巴勒斯坦曾经的统治者在这片土地上留下的文化遗迹，当地的考古学家们最看重的是罗马时期和犹太民族的遗迹，以至富饶、繁荣的中世纪伊斯兰王朝的遗迹还有很多深埋地下，如马穆鲁克王朝（Mamluk）和塞尔柱王朝（Seljuk）的遗产仍待发掘。

要更好地了解如今的以色列和巴勒斯坦，我们需要先熟悉一下奥斯曼帝国，奥斯曼帝国对该地的占领始于1517年，其统治延续了400年之久，奥斯曼帝国留下的印记如今仍然深深烙印在这片土地之上。以色列的司法系统、宗教法庭记录、土地登记制度和一些建筑瑰宝，都留有奥斯曼帝国的印记。当奥斯曼人到来时，这里还是一个主要由逊尼派穆斯林和乡下人构成的社会，也有一小部分讲阿拉伯语的城市精英。犹太人不到总人口的5%，基督徒约占10%~15%。正如尤纳坦·孟德尔（Yonatan Mendel）所言：

犹太复国主义兴起之前，犹太人口的确切比例不得而知，可能在2%~5%。根据奥斯曼帝国的记录，1878年，居住在今天以色列/巴勒斯坦地区的总人口为462465人,其中,403795人（87%）是穆斯林,43659人（约10%）是基督徒,15011（3%）是犹太教徒。[1]

当时,世界各地的犹太社群都将巴勒斯坦视为《圣经》中的圣地。在犹太教里,朝圣活动虽然没有基督教和伊斯兰教的朝圣活动那样重要,但一些犹太人仍以朝圣为使命,也有少数信徒前往巴勒斯坦朝圣。本书后面的章节中会提到,在犹太复国主义兴起之前,由于宗教的原因,主要是基督徒希望犹太人可以在巴勒斯坦永久定居。

如果不查看以色列外交部有关16世纪以来巴勒斯坦历史的官方网站,你不会知道奥斯曼统治400年之久的巴勒斯坦竟是这番样貌:

1517年,奥斯曼帝国占领这片土地后将其划分为四个区,行政上隶属于大马士革省,由伊斯坦布尔管辖。在奥斯曼帝国初期,这个地区约有1000个犹太家庭,主要分布在耶路撒冷、纳布卢斯、希伯伦、加沙、采法特和加利利的村庄。这些社群由一直生活在这片土地上的犹太人后裔以及来自北非和欧洲的移民组成。

在1566年,伟大的苏丹苏莱曼去世之前,在他的治理下,犹太人的生存条件得到了改善,更多的犹太人来此生活。一些新来者在耶路撒冷定居，但大多数人都去了采法特。到 16 世纪中叶，那里的犹太人口已经上升到大约 1 万人，采法特发展成为一个繁荣的纺织中心。[2]

16 世纪的巴勒斯坦，犹太人似乎占绝大多数，这一地区的商业命脉也集中在犹太人手中。后来发生了什么？以色列外交部网站记录如下：

随着奥斯曼帝国的统治逐渐衰落，这个地区遭受了普遍的忽视。到 18 世纪末，这片土地大部分已经归遥领地主（absentee landlords）所有，由贫困的佃农租种。繁重的税收制度反复无常，加重了农民的负担。加利利和卡尔迈勒山脉的大森林砍伐殆尽，沼泽和沙漠侵蚀了农田。

在这一叙事中，到 1800 年，巴勒斯坦变成了一片荒漠，不知何故，不属于那里的农民耕种起了不属于他们的干旱土地。这片土地似乎成了一座孤岛，由奥斯曼帝国从外部统治，有大量的犹太人口，人们饱受劳役之苦，土壤的肥力枯竭。森林不断遭到砍伐，农田变成了沙漠，年复一年，土地变得越发贫瘠。官方网站竟然宣传这些虚假的信息，真是前所未有。

十分讽刺的是，在杜撰这些叙事时，作者完全脱离了以色列学术研究的轨道。大多数以色列学者都对这些说法的真实性提出了质疑。其中不少人，如大卫·格罗斯曼（David Grossman，人口学家，不是那个同名的作家）、阿姆农·科恩（Amnon Cohen）和叶侯舒·本－阿里耶（Yehoushua Ben-Arieh），成功地指出了其中的漏洞。他们的研究表明，几个世纪以来，巴勒斯坦非但不是荒漠，而且是一个繁荣的阿拉伯社会——以穆斯林居多，虽然大部分地方都是农村，但充满活力的中心城市也有不少。

尽管这些叙事存在争议，但它仍然在以色列的教育体系和媒体中得到推广，其背后的推动者是一些在学术界知名度较低，但对教育系统有很大影响力的学者。[3] 在以色列之外，尤其是在美国，"应许之地"在犹太复国主义到来之前荒无人烟、荒凉和贫瘠的臆断仍然甚嚣尘上，这很值得关注。

我们需要对事实进行剖析。在相反的历史叙事中，故事则完全不同，奥斯曼帝国时期的巴勒斯坦与周围其他所有的阿拉伯社会一样，与地中海东岸的其他国家也没有什么区别。作为奥斯曼帝国的一部分，巴勒斯坦人民没有被包围和隔绝，而是与其他国家交往便利、文化相互交融。其次，由于对变革和现代化持开放态度，巴勒斯坦早在犹太复国主义运动到来之前就已经在向一个民族国家发展。在达希尔·奥马尔（Daher al-Umar，1690—1775）等精力充沛的地方统治者治理下，海法（Haifa）、舍法米尔（Shefamr）、太巴列（Tiberias）和阿卡（Acre）等城镇得以翻修和重建。沿海港口和城镇通过与欧洲的贸易往来而蓬勃发展,而内陆城市则与邻近地区进行内陆贸易。巴勒斯坦并非荒漠,恰恰相反,在当时的地中海东岸或黎凡特(Levant)地区都属于非常繁荣的地方。与此同时,在犹太复国主义者到来之前,这里的农业发达,小镇众多,还有不少历史名城,人口数量已达50万之多。[4]

在19世纪末期,这可是相当庞大的人口规模,如前所述,其中只有一小部分是犹太人。值得注意的是,这些犹太人当时对犹太复国主义是持抵制态度的。大多数巴勒斯坦人生活在乡下的村庄里,这样的村庄大约有1000个。与此同时,那些富裕的城市精英则在沿海、内陆平原和山区安家。

我们现在可以更好地理解,犹太复国主义者在该地区进行殖民化的前夕,生活在那里的人们是如何自我界定的。与中东和其他地区一样,巴勒斯坦社会也开始接触到19世纪和20世纪盛行的概念:民族。和世界上其他地方一样,这种新的自我认同模式是由内部和外部的驱动力共同促成的。从某种程度上可以说,民族主义思想是由美国传教士传入中东的,他们在19世纪初来到中东,既希望传教,也渴望传播民族自决这一新奇的概念。作为美国人,他们觉得自己不仅是基督教的化身,还是世界版图上最新的独立国家的代言人。巴勒斯坦受过教育的精英与阿拉伯世界的其他人民一道,接受了这些思想,发展出一种真正的民族主义思想,这导致他们要求在奥斯曼帝国内部拥有更多自治权,并最终诉求独立。

19世纪中后期,奥斯曼的知识分子和政治精英采用了浪漫的民族主义思想,将奥斯曼主义(Ottomanism)等同于土耳其民族认同(Turkishness)。这一趋势导致伊斯坦布尔的非土耳其人(其中大多数是阿拉伯人)与奥斯曼帝国逐渐疏远。由于土耳其本身的民族化进程,再加上19世纪下半叶的世俗化趋势,伊斯坦布尔作为宗教权威和中心的地位逐渐下降。

在阿拉伯世界,世俗化也是民族化进程的一部分。这毫不奇怪,当时主要是基督徒等少数群体,基于共同的领土、语言、历史和文化,热情接受了世俗民族身份的理念。在巴勒斯坦,投身民族主义的基督徒与穆斯林精英结为亲密的盟友,"一战"结束时,巴勒斯坦各地的穆斯林-基督教联盟如雨后春笋般涌现。在阿拉伯世界,犹太人加入了来自不同宗教的活动人士建立的联盟。如果不是犹太复国主义要求那里历史悠久的犹太社群绝对忠实于自己的信仰,巴勒斯坦的各种宗教融合应该也很难避免。

在犹太复国主义到来之前,巴勒斯坦的民族主义是如何兴起的?这个问题我们可以在穆罕默德·穆斯莱(Muhammad Muslih)和拉希德·哈利迪(Rashid Khalidi)等巴勒斯坦历史学家的著作中看到,他们的研究全面且彻底。[5]这些研究清楚地表明,在1882年之前,巴勒斯坦的精英阶层和非精英阶层都参与到了民族认同和民族主义运动之中。

哈利迪特别指出，爱国情怀、地方忠诚、泛阿拉伯主义、宗教情感、较高的教育水平和识字率都是新民族主义的重要组成部分，直到后来，对犹太复国主义的抵抗才给巴勒斯坦的民族主义赋予了更丰富的含义。

除此之外，哈利迪还指出，直到1917年英国承诺在巴勒斯坦地区为犹太人建立一个民族家园，而使犹太复国主义在巴勒斯坦崭露头角之前，现代化、奥斯曼帝国的陨落和贪婪的欧洲国家对中东领土的觊觎，都助推了巴勒斯坦民族主义的发展，最明显的表现之一就是巴勒斯坦一开始自称是一个地理和文化实体，后来改称政治实体。尽管巴勒斯坦此时还未建国，但巴勒斯坦的文化定位非常明确。人民有了一种统一的归属感。在20世纪初，报刊 *Filastin*（Filastin，阿拉伯语中的巴勒斯坦——译者注）回顾了人们为巴勒斯坦命名的方式。[6] 巴勒斯坦人讲自己的方言，有自己的习俗和礼制，在世界地图上占有一席之地。

19世纪，在奥斯曼帝国首都伊斯坦布尔发起的行政改革的影响下，巴勒斯坦与周边地区一样，被更明确地定义为一个地缘政治单元。因此，当地的巴勒斯坦精英开始在一个统一的叙利亚国，或者说是在一个统一的阿拉伯公国（有点像美利坚合众国）内寻求独立。这场泛阿拉伯主义运动在阿拉伯语中叫作"qawmiyya"（意思是"一群不受国界约束的人"——译者注），这种独立运动在巴勒斯坦和广大的阿拉伯世界都很盛行。

1916年，英国和法国签署了著名的或者说臭名昭著的《赛克斯－皮科协定》(Sykes-Picot Agreement，第一次世界大战期间，英法签订的瓜分奥斯曼帝国亚洲部分的秘密协定。因谈判人英国代表 M. 赛克斯和法国代表 G. 皮科而得名。——编者注)。之后，这两个殖民大国将奥斯曼帝国的亚洲部分划分为若干个新的民族国家。随着该地区陷入分裂，一种新的情绪随之兴起：一种更具地方特色的民族主义变体出现了，阿拉伯语称之为"wataniyya"(意为"我的国家"或"我的民族"——译者注)。因此，巴勒斯坦开始自视为一个独立的阿拉伯国家。若不是犹太复国主义的出现，巴勒斯坦很可能会像黎巴嫩、约旦或叙利亚那样，走上现代化发展之路。[7]事实上，由于奥斯曼帝国在 19 世纪末的政策，这一民族主义进程早在 1916 年就初露端倪。1872 年，当伊斯坦布尔政府在耶路撒冷设立"Sanjak"(旗，奥斯曼帝国的地方行政区域——译者注)时，便在巴勒斯坦创建了一个有凝聚力的地缘政治空间。在很短的时间里，伊斯坦布尔的当权者们甚至在考虑能否扩大这一"Sanjak"，将我们今天所知的巴勒斯坦大部分地区与纳布卢斯和阿卡两个次省(sub-province)都涵盖其中。如果奥斯曼帝国当初这样做了，便能创造一个地理单元，一种特别的民族主义可能会更早出现，就像埃及曾经发生的那样。[8]

即使巴勒斯坦被划分为南北两个行政区（北部由贝鲁特统治，南部由耶路撒冷统治），和它以前的边缘地位相比，地位已经有所提升，此前它被划分为几个小的区域性次省。1918年，随着英国统治的开始，南北结束了分治状态，统一为一个整体。同年，英国人以类似的方式将奥斯曼帝国的摩苏尔（Mosul）、巴格达（Baghdad）和巴士拉（Basra）三个省合并为一个现代民族国家，为现代伊拉克的诞生奠定了基础。与伊拉克不同，在巴勒斯坦，由于家族纽带和地理疆界（北部的利塔尼河、东部的约旦河、西部的地中海）的关系，南贝鲁特、纳布卢斯和耶路撒冷三个次省融合为一个社会和文化单元。这个地缘政治空间拥有自己的主要方言、习俗、民俗和传统。[9]

到了1918年，巴勒斯坦比奥斯曼帝国时期更加统一，但进一步的变化即将发生。1923年，在等待国际社会批准巴勒斯坦地位的时候，英国政府重新就这片土地的边界进行了谈判，为民族运动的斗争创造了一个更明确的地理空间，并为生活在其中的人民创造了更清晰的归属感。现在，巴勒斯坦的概念清晰了；仍不清楚的是，它的主人究竟是谁，是巴勒斯坦本地人还是新来的犹太定居者？这一行政政权最讽刺的一点是，边界的重塑有助于犹太复国主义运动在地理上将《圣经》中应许的"以色列地"（Eretz Israel）概念化，而只有犹太人才有权拥有这片土地和资源。

总之，巴勒斯坦不是一片无人之地，而是东地中海富饶世界的一部分，且在19世纪经历了现代化和民族化进程。这不是一片等待开发的荒漠，而是一个田园牧歌般的地区，在即将跨入20世纪的门槛时就已经是一个现代社会，也承受着这种转变带来的所有好处和坏处。然而，对居住在这里的大多数本地人而言，犹太复国主义的殖民扭转了这一进程，将其演变成一场灾难。

第二章

犹太人是一个没有土地的民族

在前一章中，以色列声称巴勒斯坦是"一片无人之地"，这种说法与"犹太人是没有土地的民族"这一说法是相辅相成的。

但是，犹太定居者是同一个民族吗？这一问题在很多年前就受到质疑，如今学术界也在重申这一点。在施罗默·桑德（Shlomo Sand）的《虚构的犹太民族》(*The Invention of the Jewish People*) 一书中，他对这类批判性观点进行了最佳的总结。[1] 桑德表明，在现代历史的某个特定时刻，基督教世界为了自身的利益，支持了犹太人是一个民族，且总有一天要返回圣地的观点。在这种叙事中，犹太人的回归将与死者复活和弥赛亚的第二次降临一起，成为末日圣迹的一部分。

16世纪以来，宗教改革在神学和宗教方面所带来的剧变，在千禧年的末日概念（the end of the millenium）、犹太人皈依，以及犹太人回归巴勒斯坦这三者之间建立起了明确的联系，这种联系在新教徒身上尤其明显。16世纪的英国神职人员托马斯·布莱曼（Thomas Brightman）在其著作中表达了这种观念："他们还会回到耶路撒冷吗？没有什么比这更确定的了：各地的先知们都在证实这一点，并四处搜寻印证。"[2] 布莱曼不仅希望神的启示会实现，和他之后的许多人一样，他也希望犹太人要么皈依基督教，要么全部离开欧洲。一百年后，德国神学家和自然哲学家亨利·奥尔登堡（Henry Oldenburg）写道："在人间事务可能发生的种种变化中，若良机降临，（犹太人）甚至可能重新建立他们的帝国，而且……上帝可能会再度选择他们。"[3] 18世纪下半叶，奥匈帝国陆军元帅查尔斯·约瑟夫（Charles Joseph）曾说：

我相信犹太人是无法同化的，无论他们身在何处，都会在一个民族内部不断地形成自己的民族。在我看来，最简单的办法就是让他们回到自己曾经被驱逐出的家园。[4]

从这句话可以明显看出，让犹太复国主义成形的概念与长久以来的反犹主义之间存在着明显的联系。法国著名作家和政治家弗朗索瓦·雷内·德·夏多布里昂（François René de Chateaubriand）差不多在同一时间写道，犹太人是"朱迪亚（Judea，古罗马统治下的巴勒斯坦南部地区——译者注）名正言顺的主人"。夏多布里昂影响了拿破仑·波拿巴。拿破仑在19

世纪初试图占领中东时,希望得到巴勒斯坦犹太社群以及这片土地上其他居民的帮助。拿破仑向他们许下了帮助他们"重返巴勒斯坦"并建立一个国家的诺言。[5] 因此,我们可以看到,犹太复国主义起初是基督教的一项殖民工程,而后才成为犹太人的殖民工程。

早在19世纪20年代,维多利亚时代的英国就出现了一些不祥的迹象,表明这些看似属于宗教和神话般的信仰可能会变成一个真正的殖民和剥夺计划。一场强大的神学和帝国主义运动初露端倪,使得"让犹太人回归巴勒斯坦"成为英国接管巴勒斯坦并将其转为基督教政体这一战略计划的核心。在19世纪,这种情绪在英国越来越流行,并影响了帝国的官方政策。苏格兰贵族兼军事指挥官约翰·林赛(John Lindsay)这样写道:"巴勒斯坦的土地……只等待她被放逐的孩子们归来,与农业能力相称的工业会再次迸发出全面的繁荣,巴勒斯坦在所罗门统治时期的所有辉煌都将重现。"[6] 这一观点得到了英国哲学家戴维·哈特利(David Hartley)的附和:"犹太人很可能会被重新安置在巴勒斯坦。"[7]

在获得美国的支持之前,这一进程并非一帆风顺。认为犹太民族有权返回巴勒斯坦并建立锡安(Zion)的历史由来已久。当欧洲的新教徒们表达这些观点时,大西洋彼岸也传来了类似的声音。美国总统约翰·亚当斯(John Adams,1735—1826)说:

"我真心希望犹太民族能以独立国家的身份再次回到朱迪亚。"[8]如果说这段简单的思想史以这场运动的宣教先驱者们作为发端的话,那么现在它已经直接触及了那些有能力改变巴勒斯坦命运的人。其中最重要的是英国著名政治家和改革家沙夫茨伯里勋爵(Lord Shaftesbury,1801—1885),他积极地为在巴勒斯坦建立犹太家园而奔走呼号。基于宗教和战略的原因,他主张扩大英国在巴勒斯坦的影响力。[9]

正如我即将谈到的,这种夹杂着宗教狂热和改革热情的危险情绪,推动着沙夫茨伯里在19世纪中期的努力,并最终促成1917年《贝尔福宣言》(*Balfour Declaration*)的签订。沙夫茨伯里意识到,英国光支持犹太人回归是不够的,还必须在犹太人最初的殖民统治中提供积极的援助。他断言,英国人和犹太人应该结盟,向前往奥斯曼帝国辖下巴勒斯坦的犹太人提供物质帮助。他说服了圣公会主教中心和在耶路撒冷的大教堂为该计划提供早期资金。如果沙夫茨伯里没有成功地招募他的岳父——英国外交大臣,即后来的首相帕麦斯顿勋爵(Lord Palmerston)加入这项事业,这件事可能只会化为泡影。

沙夫茨伯里在1838年8月1日的日记中写道:

> 我与帕麦斯顿共进晚餐。晚饭后我们单独在一起,此时我提出了自己的计划,这似乎引起了他的兴趣。帕麦斯顿提出了一些疑问,并欣然承诺会对此(帮助犹太人重返巴勒斯坦并接管该地

区的计划）加以考虑。天命是多么奇异。如果仅用人类的思维来揣度的话，确实非常奇异。帕麦斯顿早已被上帝选中，成为向他的古老子民行善的工具，向他们的祖先致敬，承认他们的权利而不相信他们的宿命。不过，他要做的似乎还有很多。虽然我的动机是出于善意，但并不合情合理。我不得不从政治、财政和商业的层面上进行争辩。他不像他的主那样，为耶路撒冷哭泣，也没有祈祷耶路撒冷现在最终能够恢复她的辉煌和美丽。[10]

第一步，沙夫茨伯里说服帕麦斯顿任命他的同僚杨威廉（William Young）担任英国驻耶路撒冷的首位副领事，后者也相信巴勒斯坦应该归还给犹太人。沙夫茨伯里后来在日记中写道："这是一件多么美妙的事情！上帝之民的古城即将在民族之林中恢复自己的地位；英格兰是第一个不再让她被'践踏'的非犹太王国。"[11] 一年后，也就是1839年，沙夫茨伯里为《伦敦季刊》（*The London Quarterly Review*）写了一篇长达30页的文章，题为《犹太人的国家与复兴》（*State and Restauration of the Jews*），他在文章中预言了神之选民将进入一个新时代。他坚称：

必须鼓励更多的犹太人回归，并再次成为朱迪亚和加利利的农夫……尽管无可否认，他们是一个顽固又冷血的民族，深陷道德败坏、顽固不化和对福音的蒙昧之中，但他们不仅值得被救赎，而且对基督教的救赎希望是至关重要的。[12]

沙夫茨伯里对帕麦斯顿温和的游说被证明是成功的。出于政治原因，而非宗教原因，帕麦斯顿也成了犹太复国主义运动的倡导者。在他的深思熟虑中，还有其他一些因素发挥了作用："认为犹太人有助于支撑摇摇欲坠的奥斯曼帝国，从而帮助英国实现在该地区外交政策的关键目标。"[13]

1840年8月11日，帕麦斯顿写信给英国驻伊斯坦布尔大使，谈到允许犹太人返回巴勒斯坦对奥斯曼帝国和英国都有利。具有讽刺意味的是，犹太人的回归被视为维持现状和避免奥斯曼帝国解体的重要手段。帕麦斯顿写道：

> 目前，分散在欧洲各地的犹太人中存在着一种强烈的观念，即他们的民族即将返回巴勒斯坦，这个时刻已经来临……对苏丹来说，鼓励犹太人返回并定居在巴勒斯坦具有极其重要的意义，因为他们的财富会给苏丹的领土带来更多的资源；而犹太民族如果获得苏丹的批准和庇护，并应苏丹的邀请回归，将是对穆罕默德·阿里及其继任者未来邪恶计划的一种制衡……我必须强烈要求阁下建议（土耳其政府）支持我们鼓励欧洲犹太人重返巴勒斯坦。[14]

穆罕默德·阿里（Mohamet Ali，更普遍的叫法是Muhammad Ali），是19世纪上半叶奥斯曼帝国委派的埃及总督。当帕麦斯顿给他在伊斯坦布尔的大使写这封信时，正是苏丹政权险些被这位埃及统治者推翻的十年之后了。犹太人的财富如果流入巴勒斯坦,将会壮大奥斯曼帝国的力量,使其免受潜在的内忧外患的威胁,这一观点突显了犹太复国主义是如何与反犹主义、大英帝国主义和宗教神学联系在一起的。

在帕麦斯顿勋爵的这封信发出数天后,《泰晤士报》的一篇头条文章呼吁制订一项"将犹太人安置在他们父辈的土地上"的计划,并声称这是出于"严肃的政治考虑",并赞扬该计划的发起人沙夫茨伯里为此所做的努力,称其是"务实的政治家"[15]。帕麦斯顿夫人也支持丈夫的立场。她在给一位朋友的信中这样写道:"我们被狂热和宗教情绪所包裹,你知道他们在这个国家有多少追随者。他们毅然决然地认为,耶路撒冷和整个巴勒斯坦将留给回归的犹太人;这是他们对于重新安置犹太人唯一的愿望。"[16]因此,沙夫茨伯里勋爵被称作"19世纪基督教犹太复国主义的主要倡导者,第一位试图为犹太人在巴勒斯坦建立家园铺平道路的显赫政治家"[17]。

英国当权派对犹太人复归的热忱,可以被称为犹太复国主义的原型。虽然在我们用当代的意识形态来解读这一19世纪的现象时应该保持谨慎,但它具备了将这些想法转变为未来诡辩的所有成分,借以消除和剥夺巴勒斯坦原住居民的基本权利。当然,也有教堂和神职人员站在当地巴勒斯坦人一侧。其中比较引人注目的是乔治·弗朗西斯·波帕姆·布莱思(George Francis

Popham Blyth），他作为英国国教的神职人员，与一些圣公会高级教友一起，对巴勒斯坦人的愿望和权利产生了强烈的同情。1887年，布莱思创办了圣乔治学院（St. George College），这所学院如今仍然可能是东耶路撒冷最好的高中之一（当时在该校就读的学生是当地精英阶层的子女，而这些精英在20世纪上半叶的巴勒斯坦政治中发挥了关键作用）。尽管如此，权力仍然掌握在支持犹太事业（随后成为犹太复国主义事业）的人手中。

英国驻耶路撒冷的第一个领事馆于1838年开馆，其任务包括以非官方的方式鼓励犹太人来到巴勒斯坦，承诺给予他们保护，在某些情况下还试图让他们皈依基督教。早期领事中最著名的是詹姆斯·芬恩（James Finn，1806—1872），他的性格和直截了当的行事作风使其无法向巴勒斯坦当地人隐瞒这些任务背后的深意。芬恩可能是第一个将"犹太人回归巴勒斯坦，可能导致巴勒斯坦人流离失所"之间的联系公之于众的人。[18]这种联系将成为犹太复国主义定居者在下一个世纪殖民计划的核心。

芬恩在1845年至1863年间常驻耶路撒冷。后来的以色列历史学家对他帮助犹太人在先祖之地定居给予赞赏，他的回忆录也被翻译成了希伯来语。他不是唯一一位被一个国家列入万神殿中敬仰，而在另一个国家却被当作罪人的历史人物。芬恩憎恨整个伊斯兰教，尤其是耶路撒冷的名流。他从未学过阿拉伯语，只能通过翻译进行交流，这对缓和他与巴勒斯坦当地居民之间的关系毫无帮助。

1841年，由迈克尔·所罗门·亚历山大（Michael Solomon Alexander，一位犹太教皈依者）领导的圣公会主教在耶路撒冷举行了落成典礼。1843年，第一座圣公会基督教堂在耶路撒冷雅法门（Jaffa Gate）附近落成，这些都对芬恩有所帮助。尽管这些机构后来支持巴勒斯坦自决权，但它们当时都支持芬恩原初的犹太复国主义愿景。芬恩比其他所有的欧洲人都更渴望在耶路撒冷建立一个永久的西方存在，为传教士、商业利益集团和政府机构组织购买土地和房地产。

将这些早期的主要是英国的基督教犹太复国主义萌芽与真正的犹太复国主义联系起来的一个重要联结，是德国的圣殿虔敬运动（Temple Pietist movement，后来被称为"圣殿派"），从19世纪60年代到第一次世界大战爆发，虔敬运动一直活跃于巴勒斯坦境内。虔敬运动起源于德国的路德派运动，后来传播到了全世界，包括北美（直到今天，人们仍能感受到它对早期定居者殖民主义的影响）。虔敬运动对巴勒斯坦的兴趣大约形成于19世纪60年代。1861年，两位德国牧师——克里斯托夫·霍夫曼（Christoph Hoffman）和乔治·戴维·哈尔德格（Georg David Hardegg）创立了神庙学会（Temple Society）。他们与德国符腾堡的虔敬运动有着密切的联系，但在如何最佳地推进他们的基督教义方面发展出了自己的思想。在二人看来，在耶路撒冷重建一座犹太寺庙是神圣的救赎和赦免计划中必不可少的一步。更重要的是,这两位牧师确信,如果他们自己在巴勒斯坦定居,将促成弥赛亚的第二次降临。[19] 虽然在各自的教会和国家机构中,并不是每个人都欣然接受他们将虔敬主义转译为对巴勒斯坦的定居者殖民主义的特殊方式,但普鲁士王廷的重臣和英国数位圣公会神学家热情支持他们的教义。

随着圣殿派运动的发展壮大,它受到了德国大多数老牌教会的阻挠。但他们将自己的理念发展到了一个更为实际的阶段,并在巴勒斯坦定居下来——在整个过程中成员之间虽充满争执,但也在不断发展壮大。1866 年,他们在海法的卡尔迈勒山(Mount Carmel)建立了第一个殖民地,并向其他地区扩张。19 世纪末,德皇威廉二世(Kaiser Wilhelm II)与苏丹之间的关系升温,进一步促进了他们的定居计划。圣殿派们一直滞留在英属巴勒斯坦托管地,直到 1948 年被新的犹太国家驱逐出境。

圣殿派的殖民地和定居方式被早期的犹太复国主义者所效仿。虽然德国历史学家亚历山大·斯科尔奇(Alexander Scholch)将圣殿派们的殖民努力描述为"宁静的十字军东征",但从 1882 年开始陆续建立的早期犹太复国主义殖民地却一点也不宁静。[20] 当圣殿派们在巴勒斯坦定居时,犹太复国主义在欧洲已经演变为一场令人瞩目的政治运动。简而言之,犹太复国主义是一场主张对巴勒斯坦进行殖民并在那里建立一个犹太国家来解决欧洲犹太人问题的运动。这些思想于 19 世纪 60 年代在欧洲的几个地方萌芽，并深受启蒙运动、1848 年的"民族之春"以及后来的社会主义的启发。在 19 世纪 70 年代末和 80 年代初，为了应对俄国特别恶劣的反犹太人迫害浪潮，以及反犹民族主义在西欧的兴起（臭名昭著的德雷福斯审判揭示了反犹主义在法国和德国社会中是多么根深蒂固），犹太复国主义按照西奥多·赫茨尔（Theodor Herzl）的愿景，从一场知识和文化运动转变为一项政治工程。

通过赫茨尔和志同道合的犹太领导人的努力，犹太复国主义成为一场有国际认可度的运动。起初，一群独立的东欧犹太人对欧洲犹太人问题的解决方案产生了类似的想法，他们没有等待国际社会的承认。1882 年，他们积攒了在本国公社工作的经验后，开始赴巴勒斯坦定居。用犹太复国主义的行话来说，这被称为"第一次阿利亚"（First Aliyah）——持续到 1904 年的第一波犹太复国主义者移民浪潮。第二次浪潮（1905—1914）有所不同，因为主要是一些遭受挫败的共产主义者和社会主义者，他们此时认为犹太复国主义不仅可以解决犹太人问题，通过在巴勒斯坦的集体定居，还可以引领共产主义和社会主义。然而，在这两次浪潮中，大多数人都倾向于在巴勒斯坦城镇定居，只有少数人从巴勒斯坦人和阿拉伯遥领地主那里购买土地并尝试耕种，他们最初依靠欧洲的犹太工业家接济度日，后来才寻求更独立的经济生存方式。

虽然犹太复国主义者与德国没什么关系，但与英国的关系却至关重要。事实上，犹太复国主义运动需要强大的支持，因为巴勒斯坦人民开始意识到这种特殊形式的移民对国家的未来不是一个好兆头。当地领导人认为这将对他们的社会产生非常负面的影响，其中一个是耶路撒冷的穆夫提（mufti，伊斯兰教领袖——编者注）塔希尔·侯赛尼二世（Tahir al-Hussayni II），他认为犹太人移民耶路撒冷是在向这座城市的穆斯林圣洁性发出挑战。他的一些长辈已经注意到，詹姆斯·芬恩认为犹太人的到来可以恢复十字军昔日的荣耀。随后穆夫提领导了反对这种移民的运动也就不足为奇了，同时他还特别强调不要向移民出售土地。他意识到，拥有土地也就证明了所有权的正当性，而那些没有定居点的移民可以认为是在做短暂的朝圣。[21]

因此，从许多方面来说，英国利用犹太人重返巴勒斯坦作为深化伦敦参与"圣地"的手段的战略冲动，与欧洲新出现的犹太复国主义文化和思想愿景是一致的。因此，对基督徒和犹太人来说，对巴勒斯坦进行殖民是一种回归和救赎行为。这两种冲动的巧合孕育了一个强大的联盟，将把犹太人从欧洲转移到巴勒斯坦的反犹主义和千禧年主义的想法转化为一个真正的定居点计划，而这个计划的实施是以牺牲巴勒斯坦原住民的利益为代价的。随着1917年11月2日《贝尔福宣言》的公布，这一联盟变得广为人知。《贝尔福宣言》是英国外交大臣贝尔福写给盎格鲁－犹太社群领导人的一封信，宣言中，他们承诺将全力支持在巴勒斯坦建立犹太人的民族家园。

得益于英国档案的可访问性和高效结构，今天我们有幸可以查阅许多挖掘《贝尔福宣言》背景的优秀学术作品。其中最优秀的是耶路撒冷希伯来大学的梅耶·维特（Mayer Verte）1970年写的一篇文章。[22] 他特别指出，英国官员错误地断言布尔什维克运动中的犹太成员与犹太复国主义者怀揣相似的愿望，因此，支持犹太复国主义的宣言将为与俄国的新政权建立良好关系铺平道路。更重要的是，这些政策制定者臆测这种姿态会受到美国犹太人的欢迎，英国人认为他们在华盛顿有很大的影响力。还有一种千禧年主义和仇视伊斯兰教的混合体：当时的英国首相、虔诚的基督徒戴维·劳合·乔治（David Lloyd George）支持犹太人在宗教基础上回归，在战略上，他和同事们都更喜欢在圣地建立犹太人殖民地，而不是伊斯兰殖民地，就像他们不喜欢在圣地看到巴勒斯坦人一样。

最近，我们获得了一份更为全面的分析报告，该报告写于1939年，但在2013年再次出现之前，已经散佚了很多年。这是英国记者J.M.N 杰弗里斯（J.M.N Jeffries）撰写的《巴勒斯坦：现实》(*Palestine: The Reality*)。这份长达700多页的报告阐释了《贝尔福宣言》背后的故事。[23] 杰弗里斯通过私人关系和他对大量现已不复存在的文件的查阅,揭示了英国海军部、军队和政府中有哪些人在为《贝尔福宣言》工作和他们如此做的原因。在他的故事中,亲犹太复国主义的基督教徒似乎比犹太复国主义者本身对英国支持巴勒斯坦殖民进程的想法更加热情。

迄今为止,对《贝尔福宣言》进行的所有研究的底线是,英国的各个决策者认为,在巴勒斯坦建立犹太家园的想法符合英国在该地区的战略利益。一旦英国占领了巴勒斯坦,这个联盟就允许犹太人在英国的支持下为犹太国家建设基础设施,同时可以受到英国政府的武力保护。

但对巴勒斯坦的占领并非轻而易举。英国对土耳其人的战役几乎持续了整个1917年。开局不错,英国军队突袭了西奈半岛,但随后在加沙地带和比尔萨巴之间的一场消耗战阻碍了他们的行动。一旦僵局被打破,事情就变得更容易了。事实上,耶路撒冷不战而降。随之而来的军事占领将犹太复国主义、新教千禧年主义和英帝国主义这三股独立的进程带到了巴勒斯坦海岸,作为一种强大的意识形态的融合体,它们交织在一起,在接下来的30年里摧毁了这个国家和它的人民。

有些人可能会疑惑,那些1918年后在巴勒斯坦定居的犹太复国主义者是否真的是那些在两千年前被罗马人驱逐的犹太人后裔?这个普遍疑惑是由亚瑟·科斯特勒(Arthur Koestler,1905—1983)首先提出的,他在《第十三个部落》(The

Thirteenth Tribe，1976年）一书中提出了犹太定居者是哈扎尔人的后裔的理论。哈扎尔人是高加索地区的一个土耳其民族，在8世纪皈依犹太教，后来被迫向西迁移。[24] 自那以后，以色列科学家们一直试图证明罗马治下的巴勒斯坦犹太人和今天以色列的犹太人之间存在着基因联系。然而，直至今天，争论仍在继续。

更严肃的分析来自那些没有受到犹太复国主义影响的《圣经》学者，如基思·怀特勒姆（Keith Whitelam）、托马斯·汤普森（Thomas Thompson）和以色列学者伊拉埃尔·芬克尔斯坦（Israel Finkelstein），他们都拒绝将《圣经》当作有重要意义的事实陈述。[25] 怀特勒姆和汤普森也怀疑在《圣经》时代是否存在任何类似"民族"的概念，并像其他人一样，批评他们所谓的"虚构的现代以色列"充其量是亲犹太复国主义基督教神学家的作品。施罗默·桑德的两本书《虚构的犹太民族》和《虚构的以色列地》对这一观点进行了最新的解构。[26] 我尊重并赞赏这些学术研究成果。然而，在政治上，我认为这比起拒绝承认巴勒斯坦人存在的假说（尽管这些研究是这一假说的补充）而言，并没有那么重要。一个民族有虚构自身的权力，许多民族运动在兴起之时都会这么做。但如果关于起源的叙事导致了种族排斥，这个问题就会变得尖锐起来。

就19世纪犹太复国主义的主张而言，重要的不是这些主张的历史准确性，也不是当今在以色列的犹太人是不是罗马时代犹太人真正的后裔，而是以色列坚称它代表世界上所有的犹太人，它所做的一切都是为了他们以及他们的利益。在1967年之前，这种说法对以色列非常有帮助。每当以色列的政策受到质疑时，世界各地的犹太人，尤其是美国的犹太人，都是其主要支持者。今天的美国在许多方面仍然如此。然而，即使在美国以及其他犹太社群，这种明确的关联如今也受到了质疑。

在下一章，我们会看到犹太复国主义最初只是犹太人中的少数派观点。在提出犹太人是属于巴勒斯坦的一个民族，因此应该帮助他们重返巴勒斯坦的论点时，他们不得不倚仗英国官员，而后又依赖军事力量。犹太人和整个世界似乎都不相信犹太人是一个没有土地的民族。沙夫茨伯里、芬恩、贝尔福和劳合·乔治却都喜欢这个想法，因为它帮英国在巴勒斯坦站稳了脚跟。在英国以武力占领巴勒斯坦之后，这一点变得无关紧要，英国不得不从一个新的起点来决定这片土地是属于犹太人还是巴勒斯坦人——这是英国永远也无法正确回答的一个问题，因此在经过30年令人沮丧的统治后，英国人不得不将这个问题留给他人去解决。

第三章

犹太复国主义等同于犹太教

为了正确地检验犹太复国主义等同于犹太教这一假设，我们必须从犹太复国主义诞生的历史背景入手。自19世纪中期诞生以来，犹太复国主义只是一种无关紧要的犹太文化生活表达。它源自中东欧犹太社群的两种冲动。第一种冲动源自犹太人在一个拒绝自身平等融入的社会中寻求安全。这种社会偶尔会通过立法、由当权者组织或鼓动暴乱对犹太人进行迫害，这可能是为了转移人们对经济危机或政治动荡的注意力。第二种冲动是希望效仿新的民族运动，这些运动当时在欧洲如雨后春笋般兴起，历史学家称之为"欧洲民族之春"。当时，在两个摇摇欲坠的帝国——奥匈帝国和奥斯曼帝国中生活着大量的民族和宗教群体，他们都希望将自身重新定义为一个民族，就这点而言，那些试图将犹太教从一种宗教转变为一个民族的犹太人并非特立独行。

我们在18世纪的"犹太启蒙运动"（Jewish Enlightenment）

中已经可以寻见现代犹太复国主义的根源。在这次运动中，一群作家、诗人和拉比（Rabbi，犹太人中的一个特别阶层，是老师也是智者的象征，担任犹太人社团或犹太教教会精神领袖，或在犹太经学院中传授犹太教教义。——译者注）复兴了希伯来语，将犹太传统和宗教教育的界限推向了更广泛的科学、文学和哲学研究。在中东欧，希伯来报纸和期刊发展迅猛。在这个群体中涌现出了一些个体，犹太复国主义史学称他们为"犹太复国主义的先驱"，他们表现出更强烈的民族主义倾向，并在文章中将希伯来语的复兴与民族主义联系在一起。他们提出了两个新观点：将犹太教重新定义为民族运动，以及为了让犹太人回归巴勒斯坦——公元70年罗马人将他们驱逐出的古老家园——从而对其进行拓殖的必要性。他们倡导通过"农业垦殖"的方式"回归"（在欧洲许多地区，犹太人被禁止拥有或耕种土地，因此他们热衷于作为一个农耕民族，而不仅仅是作为自由公民开始崭新的生活）。

1881年，俄国对犹太人实施了一场残酷的大屠杀，之后，这些思想变得更加流行。大屠杀使这些思想变成了一个政治纲领，由一个名为"圣山热爱者"（Lovers of Zion）的运动进行宣传。1882年，该运动派遣了数百名热血犹太青年到巴勒斯坦建立了第一批新殖民地。犹太复国主义第一个阶段的历史以西奥多·赫茨尔的作品和行动为巅峰。赫茨尔1860年出生于奥匈帝国的佩斯（Pest），但他一生中大部分的时间都居住在维也纳。他最初的职业是一名剧作家，对现代犹太人在社会中的地位和问题很感兴趣，一开始，他声称完全融入当地社会是解决犹太人困境的关键。19世纪90年代，赫茨尔成了一名记者，根据他对自己生活的描述，正是在这个时候，他意识到反犹主义是多么强大。他总结说，完全融入没有希望，相反，选择在巴勒斯坦建立犹太国是解决他所定义的"犹太人问题"的最好办法。

当这些早期的犹太复国主义思想在德、美等国的犹太社群中蔓延时，这些社群的知名拉比和领军人物拒绝了这种新思想。宗教领袖们否定了犹太复国主义，将其视为世俗化和现代化的一种形式，而世俗派犹太人则担心这种新思想会让他们居住的国家质疑犹太人的忠诚度，从而加剧他们的反犹主义情绪。这两个团体对应该如何应对当今欧洲对犹太人的迫害持不同的看法。一些人认为，进一步巩固犹太宗教和传统可以解决这个问题（同时期，伊斯兰原教旨主义者在面对欧洲的现代化浪潮时就是这么做的），而另一些人则主张要进一步融入非犹太式生活。

当犹太复国主义思想在19世纪40年代至80年代出现在欧洲和美国时，大多数犹太人以两种不同的方式信奉犹太教。其中一种是恪守正统：生活在非常紧密的宗教社区中，回避民族主义等新思想，并将现代化视为不受欢迎的、有碍于他们生活方式的威胁。另一些人选择接纳世俗生活，他们与非犹太社群的生活差异非常小，会庆祝某些节日、周五经常去犹太教堂、可能在赎罪日（Yom Kippur）斋戒期间不在公共场所吃东西。格尔肖姆·朔勒姆（Gershom Scholem）就是一个世俗派犹太人，他在回忆录《从柏林到耶路撒冷》(From Berlin to Jerusalem)中写到，作为一个德国年轻犹太团体的成员，他过去常常在赎罪日期间和朋友们在柏林的同一家餐厅用餐。当他们到达店里时，店主会告诉他们，"餐厅里为禁食的绅士们预备的特别房间已经准备好了"。[1] 无论个体还是群体，犹太人发现他们处于世俗化和正统生活的两极之间。让我们还是更进一步考察他们在19世纪下半叶对犹太复国主义的立场吧。

当然，与基督教世俗主义或伊斯兰世俗主义一样，"犹太世俗主义"是一个略显奇怪的概念。如前所述，世俗派犹太人与宗教之间的紧密程度不同（就像英国的世俗基督徒会庆祝复活节和圣诞节，送孩子上英格兰教会学校，偶尔或经常参加礼拜日弥撒）。在19世纪下半叶，这种以现代方式践行犹太教义的活动发展成为一场强大的运动，称为改革派运动（Reform movement），它寻求使犹太教适应现代生活的良方，而不屈服于其中不合时宜的方面。改革派运动在德国和美国特别受欢迎。

当改革派最初接触犹太复国主义时，他们强烈反对将犹太教重新定义为一种民族主义，也拒绝在巴勒斯坦建立犹太国家的想法。然而，1948年以色列建国后，改革派的反犹太复国主义立场发生了改变。20世纪下半叶，改革派中的大多数人在美国发起了一场新的改革运动，该组织成为美国最强大的犹太组织之一（尽管直到1999年，新组织才正式宣誓效忠以色列和犹太复国主义）。然而，大量犹太人随后退出了这场新运动，创立了美国犹太教理事会（ACJ）。该理事会在1993年提醒世界，犹太复国主义在犹太人中仍然是一种少数派观点，理事会仍然信守改革派关于犹太复国主义的早期理念。[2]

在分裂产生之前，德国和美国的改革派运动都反对犹太复国主义，并提供了有力而一致的理由。在德国，他们公开拒绝"犹太民族"的概念，并宣称自己是"秉持摩西（Moses，公元前13世纪时犹太人的民族领袖，史学界认为他是犹太教的创始者。——编者注）信仰的德国人"。德国改革派的早期行动之一是从他们的祈祷仪式中删除所有关于重返"以色列地"或在那里重建国家的内容。类似地，早在1869年，美国改革派就在他们的第一次代表大会上声明：

以色列（即犹太人）之所以信仰弥赛亚，目标不是要重建一个由大卫王后裔统治下的犹太国家，因那将使得大地上的民族再次相互分离，而是要与上帝的子民们联合起来，承认上帝的独一，以实现所有理性生物的统一，以及他们对道德神圣性的呼吁。

1885年，他们在另一次改革派会议上宣称："我们不再视自己为一个民族,而是一个宗教团体,因此我们既不希望返回巴勒斯坦,也不希望在亚伦(Aaron,《圣经》中的人物,摩西的兄长,他协助摩西率领以色列人出埃及。——编者注)的子孙们的统治下进行祭献敬拜,以及恢复任何有关犹太国家的法律。"

这方面表现突出的一位著名领袖是拉比考夫曼·柯勒(Kaufman Kohler),他驳斥了"朱迪亚是犹太人的家园"这一说法——这让全世界的犹太人"无家可归"。19世纪末,该运动的另一位领导人艾萨克·迈耶·怀斯(Isaac Mayer Wise)经常嘲讽赫茨尔等犹太复国主义领导人,把他们比作自称对科学做出了贡献的江湖骗子般的炼金术士。在赫茨尔居住的维也纳,阿道夫·耶利内克(Adolf Jellinek)认为犹太复国主义会危及犹太人在欧洲的地位,并声称他们中的大多数人反对这个说法。他宣称"我们的家在欧洲"。

除了改革派,当时的自由派犹太人也否定了犹太复国主义是反犹主义唯一的解决方案的说法。正如沃尔特·兰克尔(Walter Lacquer)在他的著作《犹太复国主义的历史》(*The History of Zionism*)中向我们所说的那样,自由派犹太人认为犹太复国主义是一场异想天开的运动,没能为欧洲犹太人的问题提供解决方案。自由派主张犹太人必须经历"再生",他们需要完全忠诚于自己的祖国,并且愿意作为公民完全融入这个国家。[3]他们渴望一个更加自由的世界来解决迫害和反犹主义的问题。历史表明,自由派的主张拯救了那些移居或生活在英国和美国的犹太人,但欧洲其他地区的犹太人所遭受的悲惨境遇,证明了这种主张的错误。但即使经历了这些事,今天的许多自由派犹太人仍然不认为犹太复国主义在当时或现在是一个正确的选择。

直到19世纪90年代,社会党人和正统派犹太人才开始批判犹太复国主义,当时,在赫茨尔的不懈努力下,犹太复国主义在这十年里发展成为一股不容小觑的政治力量。赫茨尔了解当代政治,写过乌托邦故事、政治宣传册和新闻报道,旨在阐述他的观点,也就是在巴勒斯坦建立一个现代犹太国家符合欧洲人自身的利益。世界各地的领导人并不买账,巴勒斯坦的统治者奥斯曼帝国也不支持。赫茨尔最大的成就,是在1897年把所有的倡议者召集到了一起,并以此为出发点创立了两个基本组织——一个向全球推广犹太复国主义思想的世界议会,以及一个想要在巴勒斯坦扩张犹太殖民计划的本地组织。

因此,随着犹太复国主义思想的具体化,犹太人对犹太复国主义的反对和批评也变得更加明确。除了改革派运动,左翼、各群体的非宗教领袖以及正统犹太人也发出了批评的声音。1897年,也就是第一次犹太复国主义者大会在巴塞尔召开的同一年,一场社会主义犹太运动——"崩得"(Bund)在俄国诞生。崩得既是一场政治运动,也是一个犹太工会。崩得成员认为,社会主义革命,甚至布尔什维克,都能比犹太复国主义更好地解决欧洲的犹太人问题，犹太复国主义其实是在逃避现实。更重要的是，当纳粹主义和法西斯主义在欧洲兴起时，崩得分子认为正是犹太复国主义质疑犹太人对祖国忠诚的行为，从反面助长了反犹主义浪潮。即使在大屠杀之后，崩得分子仍然坚信犹太人应该在珍视人权和公民权利的社会寻求一席之地，并没有将犹太民族国家视为一剂灵丹妙药。然而，这种强烈的反犹太复国主义的信念约在20世纪50年代中期慢慢消退，这场盛极一时的运动的残余势力最终决定公开支持以色列国（他们甚至在犹太国设有分支机构）。[4]

对于赫茨尔来说，和东欧崩得的反应相比，英、法等国的犹太政治和经济精英的冷淡反应让他更加感到困扰。他们认为赫茨尔是一个江湖骗子，其思想与现实相去甚远；更糟的是，他们认为赫茨尔可能会破坏犹太人在自己社会中的生活——在英国，犹太人在解放和融合方面取得了巨大进步。赫茨尔呼吁犹太人在异国拥有主权，获得与世界上其他主权国家平等的地位，这令维多利亚时代的犹太人深感不安。对于中欧和西欧地位较为稳固的犹太群体而言，犹太复国主义是一种具有挑衅性的观点，它让人质疑英国、德国和法国的犹太人对自己祖国的忠诚度。由于赫茨尔缺乏中、西欧犹太精英们的支持，犹太复国主义运动在第一次世界大战前尚未发展壮大。直到1904年赫茨尔去世后，犹太复国主义运动的其他领导人才开始在伦敦建立一个为犹太复国主义效力的强大联盟。最突出的是哈伊姆·魏茨曼（Chaim Weizmann），他在赫茨尔去世那年移民到英国，成为一个顶尖的科学家，随后在第一次世界大战中为英国贡献了自己的力量。我将在本章后面的部分进行详细阐述。[5]

早期对犹太复国主义的第三种批评，来自极端正统的犹太当权派。时至今日，许多极端正统的犹太群体依旧强烈反对犹太复国主义。尽管这一群体的规模比19世纪末小得多，且其中一些人已经移居到了以色列，融入以色列的政治体系中。但与以前一样，他们仍然是一群不认同犹太复国主义的犹太人。

当犹太复国主义首次在欧洲出现时，许多传统的拉比实际上禁止他们的追随者与犹太复国主义活动人士有任何关联。他们认为犹太复国主义干涉了上帝的旨意，在弥赛亚降临之前，犹太人应该一直流亡。他们完全否定犹太人应该尽其所能结束"流散"的想法，他们必须等待上帝的命令，践行传统的生活方式。虽然单个犹太人可以作为朝圣者赴巴勒斯坦访问和学习，但大规模的移动仍然不被允许。哈西德派（Hasidic，18世纪中叶在东欧兴起的犹太教派别。词源于希伯来文 Hasid，意为"虔敬者"。——编者注）德国大拉比扎科弗（Dzikover）愤怒地总结说，犹太复国主义要求他用一块破布、一些土和一首歌（即一面旗帜、一片土地和一首国歌）来取代几个世纪以来的犹太智慧和法律。[6]

然而，并不是所有的拉比领袖都反对犹太复国主义。有一小群相当著名的权威人士都支持犹太复国主义计划，如拉比卡莱（al-Qalay）、古特马赫尔（Gutmacher）和卡利舍（Qalisher）。虽然他们是少数派，但从事后看来，这是一个重要的群体，他们为犹太复国主义的国家宗教派系奠定了基础。他们的宗教杂耍令人印象深刻。在以色列史学中，他们被称为"宗教犹太复国主义之父"。宗教犹太复国主义在当代以色列是一场非常重要的运动，是信奉救世主的定居者运动"忠诚信仰集团"（Gush Emunim）的意识形态家园。该运动从1967年开始在约旦河西岸和加沙地带进行殖民。这些拉比不仅呼吁犹太人离开欧洲，还宣称犹太人通过耕种巴勒斯坦的土地（毫不奇怪，这片土地上的原住民在他们的著作中不会出现）来对巴勒斯坦进行殖民不仅是一项民族主义义务，更是一项宗教义务。他们声称这种行为不会干涉上帝的旨意。相反，它将实现先知的预言，助推犹太人的完全救赎和弥赛亚的降临。[7]

正统派犹太教的大多数主要人物都拒绝接受这种计划和解释。他们对犹太复国主义另有企图。新运动不仅希望殖民巴勒斯坦，还希望将犹太人世俗化，创造与欧洲正统派犹太人对立的"新犹太人"。一种崭新的欧洲犹太人形象最终形成，他们因为欧洲的反犹主义无法继续在欧洲生活下去，不得不在欧洲大陆之外生活。因此，与这一时期的许多运动类似，犹太复国主义以民族名义重新定义了自己——但与其他运动的根本差异在于，它选择了一块新的土地来达成这一转变。正统派犹太人受到犹太复国主义者的嘲笑，他们认为正统派只有在巴勒斯坦辛勤劳作才能得到救赎。赫茨尔在未来主义乌托邦小说《新故土》(Altneuland)中美化了这一转变。这部小说讲述了一支德国旅游探险队在犹太国建立很久之后到达这个国家的故事，[8] 在抵达巴勒斯坦之前，其中一名旅行者遇到了一名年轻的正统派犹太乞丐，当他们在巴勒斯坦重逢时，后者已经世俗化、受过教育，极其富有并志得意满。

《圣经》在犹太人生活中的地位，让犹太教和犹太复国主义之间的差异更加明晰了。在犹太复国主义出现之前的犹太世界里，无论是在欧洲还是在阿拉伯世界的各个犹太教育中心，都没有把《圣经》作为带有任何政治甚至是民族内涵的单一文本来教授。知名拉比们将《圣经》中蕴含的政治历史以及犹太人对以色列土地拥有主权的想法，视为精神世界中的边缘话题。和大多数犹太教徒一样，他们更关心的是这部圣典中聚焦的信徒之间的关系，尤其是信徒与上帝的关系。

从1882年的"圣山热爱者"到"一战"前夕的犹太复国主义领袖呼吁英国支持犹太人对巴勒斯坦的主张，对《圣经》引经据典的行为相当普遍。为了追求自身利益，犹太复国主义领导人从根本上挑战了对《圣经》的传统解读。例如，"圣山热爱者"

成员们认为《圣经》讲述了一个犹太民族的故事，他们在巴勒斯坦的土地上出生，在迦南（Canaan，作为犹太人的圣地，迦南在《旧约》中被称为"流着奶和蜜"的地方，最初是亚伯拉罕带领信徒追寻的地方。——译者注）政权的枷锁下生存。迦南人将犹太人流放到埃及，在约书亚（Joshua，《圣经》中的人物，摩西的继任者。——编者注）的领导下，犹太人重返巴勒斯坦，解放了这片土地。相比之下，大多数读者都会熟悉这一传统叙事，即侧重于讲亚伯拉罕和他的家人——一群拥有一神信仰的人遇见了上帝，经受了试炼和磨难，并在埃及找回自我，[9] 而不是专注于讲述一个被压迫的民族和国家进行解放斗争的故事。然而，后一种是犹太复国主义者偏爱的叙事，至今在以色列仍然占有一席之地。

《圣经》在犹太复国主义中最有趣的用法来自该运动的社会主义政治派别。1904年赫茨尔去世后，随着各个社会主义派别成为世界犹太复国主义运动和巴勒斯坦当地的主要政党，社会主义与犹太复国主义的融合开始了。正如其中一位社会党人所说，《圣经》提供了"我们对这片土地拥有权利的神话"。[10] 他们正是在《圣经》中读到了关于希伯来农民、牧羊人、国王和战争的故事，认为这些故事讲述了他们民族诞生的远古黄金时代。重返这片土地意味着重新成为农民、牧羊人和国王。因此，他们发现自己面临着一个具有挑战性的悖论，因为他们既想让犹太人的生活世俗化，又想把《圣经》作为殖民巴勒斯坦的合理解释。换句话说，尽管他们不相信上帝，但上帝却将巴勒斯坦许诺给了他们。

对许多犹太复国主义领袖而言，引述《圣经》中提到的巴勒斯坦土地的内容只是他们为达目的使用的一种手段，并非犹太复国主义的核心。这一点在西奥多·赫茨尔的著作中尤其显而易见。在《犹太纪事》(The Jewish Chronicle，1896年7月10日)这篇著名的文章中，他将犹太人对巴勒斯坦的权利要求置于《圣经》的基础上，但他表达出来的却是希望未来的犹太国家的管理方式遵循他那个时代的欧洲政治哲学和伦理学。赫茨尔可能比接替他的领导集团更为世俗。犹太复国主义运动的这位先知（指赫茨尔）认真考虑了巴勒斯坦的替代方案，比如将乌干达作为锡安的应许之地。他还考察了美国北部和南部以及阿塞拜疆等其他目的地。[11] 随着1904年赫茨尔的去世和他的继任者们的崛起，犹太复国主义把目光专注于巴勒斯坦，《圣经》被用来证明犹太人对这片土地拥有神圣的权利，变得比以往更有价值。

1904年之后，英国和欧洲的基督教犹太复国主义力量日益强大，他们对巴勒斯坦更加执迷，认为这是唯一可以实施犹太复国主义的领土。研究《圣经》的神学家和挖掘"圣地"的福音派考古学家欣然接受犹太人的定居，以此坚定自己的宗教信仰，即"犹太人的回归"预示着神的应许将在世界末日到来时得到应验。

犹太人的回归是弥赛亚重临和死者复活的先兆。这种深奥的宗教信仰对犹太复国主义的巴勒斯坦殖民计划助益良多。[12] 然而，这些宗教愿景背后隐藏着传统的反犹情绪。因为将犹太社群推向巴勒斯坦不仅在宗教上是当务之急，还有助于建立一个没有犹太人的欧洲。因此，它代表了一种双重利益：赶走欧洲的犹太人，同时履行神圣的计划——犹太人重返巴勒斯坦（他们随后会皈依基督教，如果他们拒绝的话，便让他们在地狱受刑）将加速弥赛亚的第二次降临。

从那一刻起，《圣经》成为犹太复国主义者对巴勒斯坦进行殖民统治的理由和路线图。从历史上看，从犹太复国主义诞生到1948年以色列建国，《圣经》一直为其服务。《圣经》在以色列占主导地位的叙事中发挥了重要作用，无论是出于内部还是外部目的，他们声称以色列就是《圣经》中上帝应许给亚伯拉罕的那片土地。《圣经》中的"以色列"一直存在，直至公元70年，罗马人将其摧毁，人民被流放。耶路撒冷第二圣殿被毁的那一天，是宗教中的哀悼日。在以色列，这一天已成为全国性的哀悼日，包括餐馆在内的所有的休闲产业都必须在哀悼日的前一晚停业。

近年来，所谓的《圣经》考古学（这本身就是一个充满矛盾的概念，因为《圣经》是一部伟大的文学作品，由不同时期的许多人撰写，并非一部历史文本[13]）为这一叙事提供了主要的学术和世俗论证。在《圣经》考古学的叙事中，公元70年后，在犹太复国主义者回归之前，这片土地或多或少是荒芜的。然而，犹太复国主义者的领导人们知道，仅仅依靠《圣经》的权威是不够的。对已经有人居住的巴勒斯坦进行殖民需要有系统地定居、赶走原住民。为此，将对巴勒斯坦的剥夺描绘成是在履行一项神圣的基督教计划的做法是无价的，因为它激发了全球基督教对犹太复国主义的支持。

正如我们所见，犹太复国主义一旦排除了选择其他领土，专注于拓殖巴勒斯坦后，就确定了目标是（在上帝的帮助下）在圣地建立一个世俗的、殖民主义的犹太工程。被殖民的当地人很快了解到，不管定居者带来的是《圣经》、某种理论学说还是关于欧洲启蒙运动的文章，他们的命运最终都已注定。重要的是你有没有或者是以何种方式被纳入定居者未来的愿景中。因此，在早期犹太复国主义领导人和定居者保存的带有执念的记录中，无论原住民是什么身份、抱有何种愿景，他们都被视为障碍、异族和敌人。[14]

在这些记录中，最早记述的反阿拉伯的内容是在定居者前往旧殖民地或城镇的途中写下的，那时迎接他们的仍然是巴勒斯坦人。犹太人的抱怨源于他们的成长经历和在找工作、谋生时有重大影响的遭遇。无论他们是去旧殖民地，还是在城里碰碰运气，这种困境似乎总是影响着他们。无论他们身在何处，为了生存，他们都不得不与巴勒斯坦农民或工人并肩工作。通过这种亲密接触，即使是最无知、最挑衅的定居者也意识到了，从人文角度来说，巴勒斯坦完全是一个阿拉伯国家。

英国托管巴勒斯坦时期的犹太团体领袖、以色列第一任总理戴维·本-古里安（David Ben-Gurion），将巴勒斯坦工人和农民描述为"beit mihush"（肆意滋生痛苦的温床）。其他定居者将巴勒斯坦人视为陌生人和异族。其中一个定居者写道："对我们来说，这里的人比俄罗斯或波兰的农民更陌生，我们与这里的大多数人没有任何共同之处。"[15] 别人告诉他们这片土地荒无人烟，因此当他们在巴勒斯坦见到当地人时感到非常惊讶。一名定居者说："我对哈代拉（Hadera，建于1882年的早期犹太复国主义殖民地）的部分房屋被阿拉伯人占领感到厌恶。"而另一名定居者向波兰报告说，当他看到许多阿拉伯男女和儿童穿过里雄莱锡安（Rishon LeZion，1882年的另一个殖民地）时感到震惊。[16]

既然这个国家并非空无一人，那么你必须接受当地人存在的事实，即使你是一个无神论者，有上帝支持你总是件好事。戴维·本-古里安和他的密友兼同事伊扎克·本-兹维（Yitzhak Ben-Zvi，他和本-古里安一起创建了巴勒斯坦的犹太复国主义社会主义派系，后来成为以色列的第二任总统）都将《圣经》的许诺作为殖民巴勒斯坦的主要理由。从20世纪70年代中期接替他们的工党理论家们，一直到近些年利库德集团（Likud party）及其分支中非常肤浅的世俗《圣经》主义者，都持同样的观点。

用《圣经》来为犹太复国主义的神圣性辩护，有助于将他们秉持的所谓团结与平等的普世价值观与对殖民地的剥夺计划等同起来。事实上，由于殖民是犹太复国主义的主要目标，人们不得不问这是哪门子的普世价值。毕竟，在许多人的集体记忆中，犹太复国主义的黄金时期与建立基布兹（Kibbutz，以色列的集体社区，主要从事农业生产。——编者注）所体现出的集体主义、平等主义的生活有关。这种生活形式在以色列建国后持续了很长时间，吸引了世界各地的年轻人来这里参加志愿服务，体验最纯粹的新型社会形式。这些年轻人很少有人能意识到或者知道，大部分基布兹都是建立在被摧毁的巴勒斯坦村庄上，村民们在1948年就被驱逐了。作为对这种行为的辩护，犹太复国主义者声称这些村庄是《圣经》中提到的古老的犹太人聚居地，因此他们的侵占并非占领，而是解放。一个由"《圣经》考古学家"组成的特别委员会将会进入一个废弃的村庄，并确定它在《圣经》时代的名称。然后，犹太国家基金会（Jewish National Fund）里那些精力充沛的官员会在此建立定居点，并冠之以新恢复的名称。[17] 1967年之后，时任劳动部部长、犹太人伊加尔·阿隆（Yigal Alon）在希伯伦附近修建了一座新城，因为根据《圣经》，这座城"属于"犹太人。

一些持批评态度的以色列学者，其中最著名的是格尔肖恩·沙菲尔（Gershon Shafir）和泽夫·斯特奈尔（Zeev

Sternhell）以及美国学者扎卡里·洛克曼（Zachary Lockman），解释了殖民侵占土地如何玷污了犹太复国主义推行的所谓的社会主张。正如这些历史学家所表明的那样，犹太复国主义中的社会主张，作为一种实践和生活方式，始终是普世意识形态在某种条件下的限制版本。以普世价值和愿景为特点的西方左翼的各种意识形态运动在巴勒斯坦很早就国有化或犹太复国化了。难怪其社会主张对下一代定居者失去了吸引力。[18]

然而，即使已经从巴勒斯坦人手中夺走了这片土地，宗教在殖民进程中仍然占据着一个重要方面。以宗教的名义，你可以援引和坚称对巴勒斯坦拥有一项古老的道德权利，在帝国主义行将灭亡的日子里，这项权利质疑了所有外部势力对这片土地的所有权要求。这项权利也取代了原住民的道德主张。作为20世纪最世俗化的殖民主义项目之一，却要求以纯粹的神的应许的名义实现排他性。事实证明，对《圣经》的依赖对犹太复国主义定居者而言非常有利可图，当地居民则付出了非常高昂的代价。已故且才华横溢的迈克尔·普赖尔（Michael Prior）的最后一本书《〈圣经〉与殖民主义》(The Bible and Colonialism)揭示了在全球范围内实施的类似的殖民工程与巴勒斯坦殖民化有许多共同点。[19]

当以色列于1967年占领约旦河西岸和加沙地带后，《圣经》继续被用来实现类似的目的。之前提到的伊加尔·阿隆，就用《圣经》为自己的行为辩护，他强征了附近的巴勒斯坦城镇——

希伯伦人民的土地，建造了一座名为齐里亚特·阿尔巴（Qiryat Arba）的犹太城镇。这很快成为那些更严肃地将《圣经》作为行动指南的人的温床。他们从中精心筛选了那些在他们眼中为剥夺巴勒斯坦人的权利提供了合理性的章节和短语。随着占领的持续，对被剥夺者的残暴统治也在继续。这种从神圣文本中获取政治合法性的过程可能会导致狂热，带来危险的后果。例如，《圣经》中提到了种族灭绝：亚玛力人（Amalekite，《圣经·旧约》中居住在巴勒斯坦西南和西奈半岛的古代闪米特人的一支。——编者注）被约书亚斩尽杀绝。谢天谢地，到目前为止，将巴勒斯坦人称为"亚玛力人"的只有少数狂热派分子。此外，他们还把那些看起来不够纯粹的犹太人也称为"亚玛力人"。[20]

犹太人在逾越节上朗诵的《哈加达》中也出现了以上帝的名义进行种族灭绝的类似说法（《哈加达》已成为保持犹太教传统的一个文化读本，也是向犹太儿童进行犹太史教育的课本。——译者注）。逾越节家宴上的主要传说——上帝派摩西和以色列人去一片已经有其他人居住的土地，并允许他们在合适的时候占有这片土地——这对绝大多数犹太人来说当然不是一个亟待解决的问题。《哈加达》是一部文学读本而非战争手册。然而，它可以被犹太救世主思想的新思潮所利用，就像 1995 年伊扎克·拉宾（Yitzhak Rabin）遇刺事件，以及 2015 年夏天最初是一名青少年在一起事件中被烧死，随后是一对夫妻和他们的孩子在另一起事件中被烧死一样。以色列新任司法部长艾利特·沙克德（Aylet Shaked）也怀有类似的想法，到目前为止，这种想法只针对那些在反抗以色列的斗争中丧生的巴勒斯坦人。她说："他们全家都应该追随他们的儿子，没有比这更公正的了。他们应该消失，他们豢养蛇蝎之辈的住所也应该消失。否则，那里会养出更多的小蛇。"[21] 就目前而言，这只是对未来的警示。正如我们所见，自1882年以来，《圣经》一直为剥夺提供合理的解释。然而，在以色列建国初期，即1948年至1967年，对《圣经》的引用逐渐减少，只有处于边缘地位的右翼势力会在犹太复国主义运动中使用，以证明他们认为巴勒斯坦人是劣等人和犹太人民永恒的敌人是合理的。当约旦河西岸和加沙地带于1967年被占领后，这些在全国宗教党（MAFDAL）统治下长大的、信奉救世主和原教旨主义的犹太人抓住了机会，将他们的幻想转化为实际行动。不论是否获得政府的同意，他们在新占领的领土上到处定居。他们在巴勒斯坦领土上建立了孤立的犹太社群，并开始表现得好像他们拥有整个巴勒斯坦。

作为1967年后以色列定居点运动中最激进的派系，"忠诚信仰集团"利用以色列对约旦河西岸和加沙地带的统治所造成的特殊情势，肆无忌惮地以神圣文本的名义实施了剥夺和虐待。以色列法律不适用于被占领土，占领区由军事紧急条例管辖。然而，这一军事法律制度在定居者身上并不适用，他们在许多方面都不受这两种法律体系的约束。他们在希伯伦和耶路撒冷的巴勒斯坦街区中间靠武力定居，将巴勒斯坦的橄榄树连根拔起，放火烧毁巴勒斯坦人的土地，并认为在"以色列地"定居是在行使一项神圣的职责。

定居者们对《圣经》信息的暴力解读并不局限于被占领土。他们开始进军以色列境内阿拉伯－犹太混居城镇的中心地带，如阿卡、雅法和拉姆勒，企图扰乱在那里盛行多年的微妙的生活方式。定居者进入1967年前以色列边界内的这些敏感地带，有可能以《圣经》的名义破坏犹太国与其境内巴勒斯坦少数族裔之间本已紧张的关系。

犹太复国主义者根据《圣经》对圣地进行垦殖的最后一个原因是，世界各地的犹太人需要一个安全的避难所，尤其是在大屠杀之后。然而，即使这种说法是成立的，也有可能找到一个不局限于《圣经》路线图，也可以不剥夺巴勒斯坦人的解决方案。许多知名人士表达了这一立场，比如圣雄甘地（Mahatma Gandhi）和纳尔逊·曼德拉（Nelson Mandela）。这些评论者尝试建议，应该要求巴勒斯坦人为受迫害的犹太人提供一个安全的避难所，犹太人与当地居民共同生活，而不是取而代之。但犹太复国主义运动认为这些提议是异端邪说。

圣雄甘地是在犹太哲学家马丁·布伯（Martin Buber）要求自己支持犹太复国主义工程时，认识到了与巴勒斯坦原住民一起定居和简单地取代他们之间的区别。1938 年，本－古里安要求布伯向几位著名的道德领袖施压，以表明他们对犹太复国主义的公开支持。他们认为，甘地作为反对帝国主义的非暴力全国斗争运动的领袖，如果能得到他的赞同，将会对复国主义带来特别的好处，并准备利用甘地对布伯的敬仰来说服甘地。1938 年 11 月 11 日，甘地在《哈里真》(Harijan) 周刊的一篇社论中发表了关于巴勒斯坦和犹太问题的重要声明，这篇社论广为流传，当时正逢巴勒斯坦人对英国政府支持犹太复国主义者的政策进行大规模的反叛。甘地在文章的开头说，他对犹太人作为一个民族在几个世纪以来一直遭受非人道的待遇和迫害表示万分的同情。但同时，他补充道：

> 我的同情并没有蒙蔽我的双眼，使我忽视正义的要求。为犹太人建立国家的呼声对我没有多大吸引力。对建国的认可是《圣经》和犹太人渴望返回巴勒斯坦的顽强精神中的追求。为什么他们不应该像地球上的其他民族一样，把他们出生和谋生的国家作为他们的家园呢？[22]

甘地因此质疑政治犹太复国主义的基本逻辑，通过指出"《圣经》概念中的巴勒斯坦不是一个地理区域"，从而拒绝在应许之地建立犹太国家的想法。因此，甘地出于政治和宗教的双重原因不赞成犹太复国主义计划，英国政府在背后的支持只会进一步使甘地疏远这一计划。他在巴勒斯坦的从属问题上毫不含糊：

> 巴勒斯坦属于阿拉伯人，就像英格兰属于英国或法兰西属于法国人一样。把犹太人强加给阿拉伯是错误和不人道的……毫无疑问，减少骄傲的阿拉伯人的数量，从而使巴勒斯坦部分或全部恢复为犹太人的民族家园，将是一种反人类罪。[23]

甘地对巴勒斯坦问题的回应蕴含着从道德立场到政治现实主义不同层面的含义。有趣的是，尽管甘地坚信宗教和政治是不可分割的，但他始终强烈反对犹太复国主义的文化和宗教民族主义。主张为民族国家辩护的宗教理由在任何实质意义上都对甘地缺乏吸引力。作为对甘地这篇社论的回应，布伯试图为犹太复国主义辩护，但甘地显然已经不胜其烦，因此他们的信件往来逐渐中断。

事实上，犹太复国主义运动所要求的地理空间不是由拯救受迫害犹太人的需要决定的，而是由希望以尽可能少的居民占领尽可能多的巴勒斯坦领土的愿望决定的。清醒而世俗的犹太学者要将一个远古的模糊许诺转化为眼下的现实，并试图保持"科学性"。该计划由英属巴勒斯坦托管地犹太社群的首席历史学家本－锡安·迪纳伯格（Ben-Zion Dinaburg，也称 Dinur）发起，并在1948年建国后密集实施，其最终成果以第一章转载的以色列外交部网站上的引文为代表。迪纳伯格在20世纪30年代的任务，如同他后来的继任者一样，是要从科学上证明自罗马时代以来，巴勒斯坦就有犹太人的存在。

并不是所有人都对此表示怀疑。尽管有历史证据表明，18世纪生活在巴勒斯坦的犹太人和19世纪末的正统派犹太人一样，不认同巴勒斯坦是犹太国家的看法，但在20世纪这个看法被扭转了。迪纳伯格和他的同事利用18世纪时犹太人在巴勒斯坦人口中所占比例不超过2%的统计数据，来证明《圣经》中的应许和现代犹太复国主义者对巴勒斯坦的要求是正当合法的。[24] 这种叙事已成为公认的标准历史。英国最杰出的历史教授之一马丁·吉尔伯特爵士（Sir Martin Gilbert）多年前制作了《阿以冲突地图集》(Atlas of the Arab-Israeli Conflict)，剑桥大学出版社出版了多个版本。[25] 这本地图集以《圣经》时代作为这场冲突的历史源头，理所当然地将该领土视为一个犹太王国，犹太人在流亡两千年之后回到了这里。这本书在开篇地图中讲述了整个故事：第一个故事是《圣经》中的巴勒斯坦，第二个是罗马人统治下的巴勒斯坦，第三个是十字军时期的巴勒斯坦，第四个是1882年的巴勒斯坦。因此，从中世纪到第一批犹太复国主义者到来期间没有发生任何重大事件。只有当外国人——罗马人、十字军、犹太复国主义者来到巴勒斯坦时，才值得一提。

以色列的教科书现在也传达了同样的信息，即土地权利是基于《圣经》的应许。根据以色列教育部2014年发给以色列所有学校的一封信："《圣经》为以色列国的文化奠定了基础，我们对这片土地的权利就植根于此。"[26]《圣经》研究现在是课程中一个至关重要并且还在进一步延展的组成部分——对《圣经》给予特别的关注，因为它记录了一段古老的历史，证明了以色列对这片土地所有权的合理性。《圣经》中的故事和可以从中吸取的民族教训，与对大屠杀和1948年以色列建国的研究融为一体。2014年的这封信与戴维·本-古里安在1937年向皮尔勋爵牵头的皇家调查委员会（Royal Peel Commission，英国调查机构，该机构成立的目的是试图为逐渐浮现的冲突寻找解决方案）提供的证据是一脉相承的。在关于巴勒斯坦未来的公开讨论中，本-古里安向在场的委员会成员挥舞着一本《圣经》，喊道："这是我们的Qushan（奥斯曼土地登记证明），我们对巴勒斯坦的权利不是来自'授权许可'，《圣经》才是我们的'授权许可'。"[27]

当然，从历史的角度看，把《圣经》、欧洲犹太人的遭遇以及1948年战争作为一个历史章节来教授是没有意义的。但在意识形态上，这三者是彼此相连的，并在我们这个时代作为犹太国家建立的基本理由被灌输。对《圣经》在现代以色列的地位的讨论将我们引入下一个问题：犹太复国主义是殖民主义运动吗？

第四章

犹太复国主义不是殖民主义

当第一批犹太复国主义定居者于1882年抵达巴勒斯坦时，那里并非空无一人。甚至在第一批犹太定居者到来之前，犹太复国主义领导人就已经知晓了这一事实。早期犹太复国主义组织派往巴勒斯坦的一个代表团向他们的同事汇报说："新娘很漂亮，但嫁给了另一个男人。"[1]然而，当他们第一次到达巴勒斯坦时，早期的定居者在遇到当地人时还是备感惊讶，后者在他们眼中被视为侵略者和陌生人。在他们看来，巴勒斯坦原住民侵占了他们的家园。他们的领导人告诉他们，这些当地人并非原住民，他们对这片土地没有所有权。相反，他们将这些巴勒斯坦人当成了一个必须而且可以被解决的问题。

这一难题并非个例：犹太复国主义是一场定居者殖民运动，类似于欧洲人曾在南北美洲、南非、澳大利亚和新西兰开展的殖民运动。定居者殖民主义不同于老牌殖民主义,体现在三个方面。首先,定居者殖民地仅在最初的时候依靠帝国生存,具有暂时性。事实上,在许多情况下,如巴勒斯坦和南非一样,定居者与最初支持他们的帝国并不属于同一个民族。他们往往向帝国让步,将自己重新定义为一个新的民族,有时需要与支持他们的帝国进行解放斗争(比如美国大革命期间发生的)。其次,定居者殖民主义的动机是想在外国占领土地,而老牌殖民主义则觊觎新属地上的自然资源。第三个区别在于他们对待新定居目的地的方式。传统殖民运动的实施是为某个帝国或祖国服务,而定居殖民主义者算是难民,他们寻求的不仅是一个家园,更是在寻求一个祖国。问题是,他们眼中的新"祖国"已经有其他居民了。作为应对,定居者社群辩称,依据神权或道义权利,这片新土地本就属于他们,但即便如此,除了犹太复国主义,他们也没有声称几千年前就生活在那里。在许多情况下,克服这些障碍的公认方法是对原住民进行种族灭绝。[2]

定居者殖民主义的主要学者之一帕特里克·沃尔夫(Patrick Wolfe)认为,定居者殖民运动的动机是他所说的"清除的逻辑"。这意味着定居者发展出了必要的道德理由和实际手段来驱逐当地人。正如沃尔夫所指出的,这种逻辑有时会带来真正的种族灭绝,有时则会导致种族清洗或制造出剥夺原住民所有权利的专制政权。[3] 我想补充一点,在"清除的逻辑"中还渗透着另一种逻辑：去人性化的逻辑。作为曾在欧洲遭受过迫害的受害者，你首先需要使整个本土的民族或社会非人化（dehumanize），然后才愿意对人类同胞做出同样或更加恶劣的事情。

由于这两种逻辑，定居者殖民主义运动消灭了美洲所有的民族和文明。从南到北，印第安人遭到屠杀，被迫皈依基督教，最后被限制在居留地。澳大利亚的土著人和新西兰的毛利人也面临着类似的命运。在南非，这种进程以种族隔离制度强加给当地人民而告终，而阿尔及利亚人则在约一个世纪里忍受着一种更为复杂的制度。

因此，犹太复国主义不是独一无二的，而是一个更广泛进程中的样本。这不仅对我们如何理解殖民计划的阴谋具有重要意义，而且对我们解读巴勒斯坦对它的抵抗也很重要。如果有人断言巴勒斯坦是一片荒无人烟的土地，在等待没有土地的人民到来的话，那就剥夺了巴勒斯坦人保护自己的理由。他们为保住自己的土地所做的一切努力都变成了针对合法所有者的毫无根据的暴力行为。因此，很难将犹太复国主义是殖民主义的讨论与巴勒斯坦人是被殖民的原住民的问题割裂开。在做每一种分析时，二者都是相互关联的。

犹太殖民统治始于1882年，以色列官方的叙事或基本迷思拒绝承认巴勒斯坦人对殖民的抵抗活动拥有哪怕是一丁点儿的道德权利。从一开始，巴勒斯坦人的抵抗就被描述成是出于对犹太人的仇恨。人们指控说这种抵抗推动了一场形式各异的反犹恐怖运动，这场运动从第一批定居者抵达时开始，一直持续到以色列建国。早期犹太复国主义者的日记向我们讲述了一个不同的故事。这些日记中记载了一些逸事，揭示了定居者是如何受到巴勒斯坦人款待的：为他们提供庇护所，并经常教他们如何耕种土地。[4] 只有当巴勒斯坦人清楚地意识到定居者不是想和当地居民一起生活，而是想取而代之的时候，抵抗才开始。当这种抵抗开始时，就和其他所有反殖民主义斗争的形式如出一辙。

贫穷的犹太人有权获得安全避难所的想法并没有遭到巴勒斯坦人和巴勒斯坦支持者的反对。然而，这并没有获得犹太复国主义领导人的回报。虽然巴勒斯坦人为早期定居者提供了住所和就业机会，且无论所有权如何都不反对与他们并肩工作，但犹太复国主义的拥护者非常清楚，有必要将巴勒斯坦人赶出该国的劳动力市场，并制裁那些仍在雇用巴勒斯坦人或与他们一起工作的定居者。这种想法被称作 avoda aravit（希伯来劳动力），这主要意味着用希伯来劳动力代替阿拉伯劳动力。格申·沙菲尔（Gershon Shafir）写过一部富有影响力的著作，讲述了第二次阿利亚（Second Aliyah），即犹太复国主义者的第二波移民潮（1904—1914）。这本书很好地解释了这种意识形态是如何发展和实践的。[5] 这股移民浪潮的领导者戴维·本－古里安（他后来成为该团体的领袖，随后任以色列总理）经常说阿拉伯劳动力是一种疾病，唯一的治疗方法是犹太劳动力。在他和其他定居者的通信中，希伯来工人被描述为健康的血液，将使国家免于腐烂和死亡。本－古里安还说，雇用"阿拉伯人"让他想起了一个古老的犹太故事，一个愚蠢的人救活了一头死狮，最后却被这头狮子吃掉了。[6]

在英国统治期间（1918—1948），巴勒斯坦人最开始积极的反应让一些定居者感到困惑。殖民主义者的冲动是无视土著居民，建立封闭的社区。然而，生活提供了各种各样的机会。有大量证据表明，几乎在所有地方，新来的犹太人与当地居民之间都存在共存与合作。犹太定居者，尤其是城市中心的定居者，如果不与巴勒斯坦人接触就无法生存，起码在经济上无法割裂。尽管犹太复国主义领导者多次试图破坏这些互动，但在那些年里，除了工会合作和农业合作之外，还成立了数百家联合企业。但由于缺乏来自上层的政治支持，这没有为巴勒斯坦创造出另一番样貌。[7]

与此同时，随着犹太复国主义运动变得更加具有侵略性，巴勒斯坦政权的领导人对这种联合创举越来越敌视。巴勒斯坦的政治、社会和文化精英慢慢意识到犹太复国主义是一项殖民工程，这强化了反对定居者的共同民族认同。最终，巴勒斯坦人也受到来自上层的压力，要求他们停止与犹太人的合作与互动。巴勒斯坦的政治运动是经过一段时间才出现的，由几个巴勒斯坦城镇的小团体——穆斯林 - 基督教联盟（Muslim-Christian society）发展而来。该团体的指导原则主要是现代且世俗的，被纳入整个阿拉伯世界的双重关切中：泛阿拉伯全局观与地方爱国主义交织在一起，后者在第二次世界大战后变得越发强烈。

泛阿拉伯民族主义的首次爆发是在19世纪下半叶。它带来了将奥斯曼世界转变为一个独立的阿拉伯共和国的希望，有点像美利坚合众国，或是一个阿拉伯 - 奥斯曼帝国，类似奥匈帝国。当人们发现这种念头无法抵挡英国和法国的帝国利益时——二者希望瓜分奥斯曼帝国统治的中东——于是形成了一种更具地方特色的民族主义，使其适应奥斯曼帝国行政边界和殖民列强瓜分该地区所形成的版图。如第一章所述，第一次阿拉伯民族主义思潮被称为qawmiyya（意思是"一群不受国界约束的人"），后来的地方思潮是wataniyya（在阿拉伯语中意为"我的国家"或"我的民族"）。巴勒斯坦社群在这两种思潮中都发挥了作用。知识分子投身各种阿拉伯组织和运动，寻求团结、独立和自决。与此同时，甚至在英国（在其他欧洲大国的帮助下）界定出一块称作"巴勒斯坦"的地缘政治空间之前，阿拉伯人的习俗、阿拉伯语方言和共同的历史，便已清楚地显示巴勒斯坦民族的存在。

当犹太复国主义者在19世纪末抵达巴勒斯坦时，这两种思潮仍在巴勒斯坦社群里发挥作用。许多知识分子和活动家都梦想着建立一个统一的阿拉伯共和国。其他人则一直怀揣大叙利亚的想法——让大马士革成为这个新国家的中心，巴勒斯坦属于其中的一部分。当英国人到来后，国际社会通过国际联盟开始讨论巴勒斯坦的未来时，巴勒斯坦的杰出人物们出版了一本名为《叙利亚南部》(Southern Syria)的杂志，甚至考虑以这个名字成立一个政党。[8] 1919年，当美国总统伍德罗·威尔逊（Woodrow Wilson）派出金－克兰委员会（King-Crane Commission）进行调查，以了解巴勒斯坦人的民族诉求时，该委员会发现大多数巴勒斯坦人希望这片领土可以独立。

无论巴勒斯坦人是泛阿拉伯主义者，是当地的爱国者，还是想成为大叙利亚的一部分，他们都不想成为犹太国家的一部分，他们在这一点上是团结一致的。巴勒斯坦领导人反对任何将这个小国的任何部分交给定居者社群的政治解决方案。正如他们在20世纪20年代末与英国人的谈判中明确声明的那样，他们愿意与那些先前抵达的定居者分享，但无法接受更多的人。[9] 从1919年开始，巴勒斯坦民族会议的执行机构在连续十年的时间里每年都举行会议，巴勒斯坦人的集体声音在会议上得到了体现。该机构代表巴勒斯坦人与英国政府和犹太复国主义运动进行谈判。然而，在这之前，英国试图推动双方达成平等协议。1928年，巴勒斯坦领导层不顾全体人民的意愿，同意并允许犹太定居者在未来成立的国家各级机构中享有平等的代表权。犹太复国主义领导人只是在料想巴勒斯坦人一定会拒绝的情况下才支持这个想法。

共享代表权与犹太复国主义原本的设想是背道而驰的。因此，当该提议被巴勒斯坦政党接受时，它遭到了犹太复国主义者的拒绝。这导致了1929年的暴乱，其中包括希伯伦的犹太人遭到屠杀以及巴勒斯坦社群中更大的伤亡。[10]但还有其他原因引发了这次自托管以来最严重的暴力浪潮。这起事件的起因是，犹太国家基金会收购了遥领地主和当地知名人士拥有的土地，因此巴勒斯坦佃户的土地被剥夺了。佃户们几个世纪以来世代生活在这块土地上，但现在他们流离失所，只能被迫进入城镇的贫民窟。在海法东北部的一个贫民窟里，流亡的叙利亚传教士伊兹·丁·卡萨姆（Izz ad-Din al-Qassam）招募了他的第一批追随者，于20世纪30年代初发动了一场针对英国和犹太复国主义运动的伊斯兰圣战。他的名字后来被哈马斯运动的军事派别采用，政治遗产得到了继承。

1930年后，巴勒斯坦领导层实现制度化，成立了阿拉伯最高委员会（Arab Higher Committee），该机构代表巴勒斯坦社群的所有政党和运动。直到1937年，它一直试图与英国政府达成妥协，但那时的犹太复国主义者和帝国主义者都不再关心巴勒斯坦人的观点，而是单方面决定了这片领土的未来。此时，巴勒斯坦民族运动将犹太复国主义视为殖民主义工程，必须予以击溃。然而，即使在1947年，当英国决定将这个问题提交给联合国时，巴勒斯坦人与其他阿拉伯国家一道，建议在巴勒斯坦建立一个单一制国家，取代英国的托管。联合国对巴勒斯坦的命运进行了七个月的审议，不得不在两个选项之间做出决定：一个选项是巴勒斯坦人提出的成立单一制国家，纳入现有的犹太定居者，但不允许犹太复国主义任何进一步的殖民；另一个建议是两国分治，将这片土地划分为阿拉伯国家和犹太国家。联合国倾向于后一种选择，因此向巴勒斯坦人传达的信息是：你不能与定居者在这片土地上共同生活——你所能希望的是抢救其中一半，并将另一半让给定居者。

因此，人们可以将犹太复国主义描述为定居者殖民运动，将巴勒斯坦民族运动描述为反殖民主义运动。在这种语境下，对于社群领袖哈吉·阿明·侯赛尼（Hajj Amin al-Husayni）（侯赛尼是阿拉伯民族主义和著名的伊斯兰宗教领袖，时任阿拉伯最高委员会主席。——译者注）在第二次世界大战之前及其间的行为和政策，我们就可以从不同的角度来理解，而不必参照通常被视为历史事实的叙事。许多读者都会知道，以色列人不断宣扬的一个常见指控是，巴勒斯坦领导人是纳粹的同情者。耶路撒冷的穆夫提不是天使。在很小的时候，侯赛尼就被巴勒斯坦的知名人士和英国人选为该社群最重要的宗教领袖。他的任期延续了整个托管时期（1922—1948），这为他带来了政治权力和很高的社会地位。他试图领导社群抵抗犹太复国主义的殖民统治，在20世纪30年代，当伊兹·丁·卡萨姆等人推动武装斗争时，他能够引导大多数人远离这种暴力选择。然而，当他支持罢工、示威和其他试图改变英国政策的行动时，他成了英帝国的敌人，不得不在1938年逃离耶路撒冷。[11] 在这种情况下，他被迫投入"敌人的敌人"，即意大利和德国的怀抱。侯赛尼在德国政治避难的两年里受到纳粹教义的影响，混淆了犹太教和犹太复国主义之间的区别。他志愿担任纳粹的广播评论员，并帮助德国在巴尔干地区招募穆斯林参加战争，这无疑给他的职业生涯留下了污点。但他的行为与20世纪30年代的犹太复国主义领导人没有任何不同，后者本身愿意寻求与纳粹的结盟以反对大英帝国；他的行为也与所有其他反殖民主义运动没有任何不同，都是希望通过与英国首要的敌人结盟的方式来摆脱英帝国统治。

1945年，战争结束后，穆夫提恢复了理智，试图在纳克巴（Nakbah，1948年以色列建国时数十万巴勒斯坦人流离失所，此事被称为"纳克巴事件"，也被称为"大浩劫"。——编者注）前夕组织巴勒斯坦人，但他已经有心无力，他所属的世界，那个由奥斯曼帝国里的阿拉伯城市精英组成的世界，已经烟消云散了。如果对他的批评是理所应当的，那也不是因为他对犹太复国主义所犯下的错误，而是因为他对巴勒斯坦农民的困境缺乏同情，以及他与其他领导人的分歧，这种内讧削弱了反殖民主义运动。他被列入美国的犹太复国主义者出版的《大屠杀百科全书》（*The Encyclopedia of the Holocaust*）中——关于他的词条，长度仅次于希特勒，实在是没有道理。[12] 最终，他的错误和成就都没有对巴勒斯坦的历史进程产生多大影响。盟国免除了他作为战争罪犯的处置，并允许他在战争结束时返回埃及，而不是巴勒斯坦。

尽管侯赛尼犯下了种种错误，但在1938年逃离巴勒斯坦之前，以及在流亡之后，他在一定程度上确实领导了一场反殖民主义的解放运动。他穆夫提的身份无关紧要，虽然他也相信在反对觊觎祖国并威胁其人民生存的殖民主义运动的斗争中，宗教应该被吸收进来。阿尔及利亚的民族解放阵线（FLN，National Liberation Front）等反殖民主义运动与伊斯兰教有着密切的联系，"二战"后阿拉伯世界为摆脱意大利、英国和法国的统治而发起的许多解放运动也与之有着密切的联系。穆夫提以及卡萨姆（1935年被英国人杀害，被埋葬在海法附近）等其他领导人对暴力的信念，在反殖民主义斗争史上也并非个例。南美和东南亚的解放运动都不是和平主义组织，他们对武装斗争和政治进程都抱有同等的信心。如果穆夫提能够在战后回到巴勒斯坦，他不仅会意识到犹太复国主义已经发展成为一个成功的定居者殖民工程，更重要的是，它正处于存亡攸关的最关键的计划前夕。

到1945年，犹太复国主义吸引了50多万名定居者来到一个人口数量约为200万的国家。有些人得到了托管政府的许可，有些没有经过批准。没有人征求当地原住民的意见，也没有人考虑过他们反对将巴勒斯坦变成一个犹太国家。定居者设法建立一个国中国——建造所有必要的基础设施，但他们失败了，这体现在两个方面。定居者们只买下了 7% 的土地，这对未来的国土而言是不够的；他们仍然是少数族裔——在一个想建立排他性民族的国家里，他们只占总人口的三分之一。

与所有早期的定居者殖民运动一样，解决这些问题的答案是毁灭和非人化的双重逻辑。定居者要想把他们对土地的控制扩大到 7% 以上，并确保人口占绝对多数，唯一的办法就是把当地人赶出他们的家园。因此，犹太复国主义是一个定居者殖民工程，而且直到今天还未结束。巴勒斯坦的人口并不完全是犹太人，尽管以色列通过各种方式在政治上控制着整个巴勒斯坦，但以色列国仍然是在殖民——在加利利、内盖夫和约旦河西岸建立新的殖民地，目的是增加那里的犹太人数量，剥夺巴勒斯坦人的权利，否定当地人对故土的权利。

第五章

巴勒斯坦人在 1948 年是自愿离开家园的

这个臆断与两个问题有关，我们将对二者进行讨论。第一个问题是，是否存在驱逐巴勒斯坦人的意愿？第二，1948年战争前夕，巴勒斯坦人是否像犹太复国主义塑造的迷思中所说的那样，经由号召而自愿离开家园？

在我看来，迁移思想在犹太复国主义思想中的中心地位在努尔·马萨哈（Nur Masalha）的《驱逐巴勒斯坦人》（*Expulsion of the Palestinians*）一书中得到了令人信服的分析。[1] 在此，我只想补充几句话来强调一点，即犹太复国主义领导层和理论家如果不通过协议或武力赶走原住民，就不可能成功实施他们的计划。最近，在多年的否认之后，安妮塔·沙皮拉（Anita Shapira）等犹太复国主义历史学家接受了他们的英雄——犹太复国主义运动的领导人们——曾认真考虑过迁移巴勒斯坦人的事实。然而，他们拼命抓住一个事实，就是不能混淆"强制"迁移和"自愿"迁移。[2] 诚然，在公开会议上，所有犹太复国主义领导人和理论家都谈到了通过协议迁移。但即便是这些说辞也揭示了一个残酷的事实：所谓的自愿迁移根本不存在。这只是文字游戏，没有付诸实践。

贝尔·卡兹内尔森（Berl Katznelson）可能是 20 世纪 30 年代最重要的犹太复国主义理论家之一，他被称为这场运动的"道德良知"。卡兹内尔森对迁移的支持是毫不含糊的。当英国提出第一个意义重大的和平建议后不久，第二十届犹太复国主义大会召开，卡兹内尔森在会议期间对这一想法表示强烈支持。他对与会者说：

问心无愧。远邻胜于近敌。他们不会因为迁移而失去什么，我们当然也不会。归根结底，这是一场对双方都有利的政治改革。很长一段时间以来，我一直相信这是最好的解决方案……总有一天这一定会发生。[3]

当他听说英国政府正在考虑让巴勒斯坦人往巴勒斯坦境内移居的可能性时，他非常失望："把他们往'巴勒斯坦境内'转移，也就是把他们迁往示剑城（Shechem，纳布卢斯的旧称）地区。我认为他们的未来在叙利亚和伊拉克。"[4]

在那些日子里，像卡兹内尔森这样的领导人希望英国人能说服或诱导当地居民离开。本－古里安在 1937 年 10 月写给儿子阿莫斯（Amos）的一封臭名昭著的信中，他已经明白可能有必要诉诸武力。[5] 同年，本－古里安公开支持卡兹内尔森，他说道：

> 将阿拉伯人从计划中的犹太国家的山谷中强迫迁移出去，可以给我们带来从未拥有过的东西——这些东西即便是在第一和第二圣殿时期也是没有的……我们得到了机会，这是在我们最疯狂的想象中从来不敢梦想的机会。不仅仅是国家、政府和主权——而且是在自由的家园里，民族团结。[6]

1937 年，他以同样明确的方式告诉犹太复国主义议会，"在这个国家的许多地方，如果不迁移阿拉伯农夫，就不可能定居下来"，他希望英国人会这样做。[7] 但是，不管有没有英国人，对于犹太复国主义未来在巴勒斯坦的计划，本－古里安明确阐述了要将人赶到哪里，他在同年写道："通过强制迁移，我们将拥有一片广袤的定居区……我支持强制迁移。我看不到这里面有任何不道德的地方。"[8]

2008 年，一名以色列记者在回顾这些过去的言论时得出结论：许多以色列人在 70 年后仍然认为这些言论是可以接受的。事实上，自 1937 年以来，驱逐巴勒斯坦人一直是现代犹太国家犹太复国主义基因的一部分。[9] 然而，这个过程并非轻而易举。

本－古里安和其他领导人对如果无法说服巴勒斯坦人离开的后果持谨慎态度。除此之外，他们不愿意阐明任何政策。本－古里安只想说，他不反对强行迁移，但他认为在这个历史关头没有必要这样做。

这种游移不定的情绪引起了卡兹内尔森的注意。在 1942 年的一次公开会议上，一些左翼犹太复国主义领导人向他提出了这一问题，他们认为本－古里安已经放弃了迁移巴勒斯坦人的想法。卡兹内尔森回答说："就我对犹太复国主义意识形态的了解而言，这（迁移）是实现犹太复国主义的一部分，它的理念就是将人们从一个国家转移到另一个国家——通过协议来进行。"[10] 在公开场合，该运动领袖本－古里安和卡兹内尔森等其他理论家都支持他们所说的自愿迁移。本－古里安说："阿拉伯人的迁移比任何其他迁移都容易，因为这片地区有许多阿拉伯国家。"他补充说，巴勒斯坦人被迁移是一种进步（他没有解释原因）。他建议将他们转移到叙利亚。他总是不停地谈论自愿迁移。[11]

然而，这不是一个诚实的立场，也不可能是。事实上，这些领导人和理论家的同僚们都很清楚这种迁移肯定是强制性的。1938 年 6 月，在一次专门讨论转移问题的犹太代办处（Jewish Agency Executive）闭门会议上，包括本－古里安、卡兹内尔森、沙雷特（Sharett）和乌西什金（Ussishkin）在内的全体成员似乎都赞成强制迁移。卡兹内尔森试图解释他所说的强制迁移是什么意思："强制迁移是什么意思？是违背阿拉伯国家意愿的迁移吗？如果违背这种意愿，世界上没有任何力量能够实施这种迁移。"[12] 他解释说强制意味着克服巴勒斯坦人自身的抵抗：

> 如果你必须与每个阿拉伯村庄和每个阿拉伯人签订转移协议，你将永远无法解决问题。我们一直在进行个别阿拉伯人的迁移，但问题是要在阿拉伯国家同意的情况下迁移大量阿拉伯人。[13]

这就是一场骗人的把戏。这次谈话是关于自愿迁移的，采用渐进式的策略，直到1948年大规模迁移的机会出现。即使你接受本尼·莫里斯（Benny Morris）在其著作《巴勒斯坦难民问题的诞生》（*The Birth of The Palestinian Refugee Problem*）中的观点，认为这种迁移实际上是渐进的而非大规模的，但是当迁移达到一定的人口数量后，即便再怎么号称渐进式，其结果仍然是大规模的种族清洗，这点我稍后将进一步说明。

从1938年6月的会议记录中，我们了解到自愿迁移的说法实际上存在强制意味。本-古里安表示，执行强制迁移，特别是如果由英国人来做的话，"将是犹太人定居巴勒斯坦历史上最大的成就"。他继续说："我赞成强制迁移，我看不出有什么不道德的地方。"著名领袖和理论家梅纳赫姆·乌西什金补充道："把阿拉伯人从巴勒斯坦迁移出去，让他们在更好的条件下重新定居是最合乎道德的做法。"他暗示这很可能就是《贝尔福宣言》背后的逻辑。此外，他们没有浪费时间在迁移人数和实现的方法方面展开讨论。这些问题只有在 1948 年才会最终确定，但其基础是在 1938 年的这次会议上奠定的。只有极少数与会者反对强制迁移。此次会议将叙利亚作为首选目的地，并且希望第一次至少要转移 10 万名巴勒斯坦人。[14]

第二次世界大战期间，由于犹太团体把焦点集中在增加犹太移民数量和未来建国方面，有关迁移的讨论被搁置了。当英国即将离开巴勒斯坦的形势变得明朗时，对话才重启。英国的决定是在 1947 年 2 月宣布的，我们可以看到那个时候关于强制迁移的讨论变得密集了。在我的《巴勒斯坦的种族清洗》(The Ethnic Cleansing of Palestine)一书中，我考察了 1947 年的这些讨论是如何演变成 1948 年 3 月大规模驱逐巴勒斯坦人的总体计划（D计划）的，在本章的稍后部分我会重新回到这个话题。然而，以色列的官方口径多年来没有改变：巴勒斯坦人之所以成为难民，是因为他们的领导人和阿拉伯世界的领导人告诉他们，在阿拉伯军队入侵并驱逐犹太人之前离开巴勒斯坦，等战争结束后他们便可以返回。但是，这种号召是子虚乌有的——这是以色列外交部虚构的谎言。联合国在 1948 年战争结束后为实现和平做出了短暂努力，但以色列外交部对此的立场是：难民都跑光了。然而，这一特殊的和平进程（1949 年上半年持续了几个月）是如此昙花一现，以至于没人要求以色列对这一说法提供任何证据，多年来，难民问题也从国际议程中被抹去。

让以色列提供证据的要求出现在 20 世纪 60 年代初，正如我们最近所了解到的，这要归功于为《国土报》(*Haaretz*)工作的自由撰稿人谢伊·哈兹卡尼（Shay Hazkani）勤勉的工作。[15] 根据他的研究，肯尼迪在华盛顿执政初期，美国政府开始向以色列施压，要求以色列允许 1948 年的战争难民返回以色列。自 1948 年以来，美国的官方立场一直支持巴勒斯坦人的重返权利。事实上，早在 1949 年，美国就已经向以色列施加压力，要求其遣送难民，但遭到了这个犹太国家的拒绝，于是美国对其实施制裁。然而，这种压力并没有持续多久，随着冷战的加剧，美国人对这个问题失去了兴趣，直到约翰·F. 肯尼迪上台（他也是最后一位拒绝向以色列提供大规模军事援助的美国总统。在他遇刺后，闸门完全打开了——这种事态的发展令奥利弗·斯通在自己执导的电影《刺杀肯尼迪》中暗示以色列与肯尼迪总统的遇害有关）。

肯尼迪政府在这方面采取的首批行动之一，是在 1961 年夏天积极参加联合国大会关于这一议题的讨论。以色列总理本－古里安对此感到惶恐不安。他相信，在美国的支持下，联合国可能会迫使以色列将巴勒斯坦难民遣返回国。他希望以色列学者开展研究，以证明巴勒斯坦人是自愿离开的。为此，他联系了当时以色列学术界中东研究的领先中心希洛研究所（Shiloah Institute）。一名初级研究员龙尼·加拜（Ronni Gabai）负责这项任务。在获得可以查阅机密文件的许可后,他得出结论,指明驱逐、恫吓和恐惧是巴勒斯坦人外逃的主要原因。但是,他并没有找到任何关于阿拉伯领导人呼吁巴勒斯坦人离开,以便为入侵军队让路的证据。然而,这里存在一个谜题。上述提到的结论出现在加拜关于这个课题的博士学位的论文里,他回忆说,他将结论寄给了外交部。[16]然而,哈兹卡尼在研究档案时发现了加拜写给外交部的一封信,其中总结了他的研究,指出阿拉伯国家号召巴勒斯坦人离开是造成人们逃离的主要原因。

哈兹卡尼采访了加拜,直到今天加拜仍然坚称他没有写过这封信,这封信也没有如实反映他所做的研究。我们仍然不知道到底是谁寄出了一份不同的研究综述。无论如何,本-古里安并不开心。他觉得综述不够深刻,虽然他没有读完整份研究报告。他请与自己相识的研究员乌里·卢布拉尼(Uri Lubrani)进行第二次研究,卢布拉尼后来成为摩萨德(Mossad,以色列情报和特殊使命局——编者注)的伊朗问题专家之一。卢布拉尼把这项任务转给了今天以色列最著名的东方学家之一摩西·毛兹(Moshe Maoz)。毛兹完成了研究,1962年9月,本-古里安得到了他自己所说的《白皮书》,它证明了巴勒斯坦人逃跑毫无疑问是因为有人让他们这样做。毛兹后来在牛津大学攻读博士学位(研究的是一个与此无关的课题),师从暮年的艾伯特·胡拉尼(Albert Hourani,英国著名的中东历史研究专家——编者

注）。但是毛兹在一次采访中说，他的研究更多地受到政治任务的影响，而非完全依据他所接触到的文件。[17]

20世纪80年代末，加拜在1961年初调查的那些文件得以解密，包括本尼·莫里斯和我本人在内的几位历史学家都是第一次看到了明确的证据，是什么将巴勒斯坦人赶出了巴勒斯坦。尽管莫里斯和我没有就驱逐行动的预谋和策划过程达成一致，但我们一致认为阿拉伯和巴勒斯坦领导人并没有怂恿民众离开。我们的研究，被称为"新历史学家"的工作，重新证实了加拜的结论，即巴勒斯坦人主要是由于遭受了驱逐、恫吓和恐惧而流离失所、无家可归。[18]

莫里斯断言，1948年5月15日，即英国托管告别历史舞台的当天，以色列和进入该国的阿拉伯军队之间爆发战斗，是他所说的"巴勒斯坦难民问题诞生"的主要原因。我则认为主要原因并不在于战争本身，因为难民中有一半人——几十万巴勒斯坦人——在战争开始之前就已经被驱逐了。此外，我声称这场战争是以色列发动的，其目的就是确保不再错失驱逐巴勒斯坦人的历史时机。[19]

巴勒斯坦人自愿离开的想法不是与1948年战争有关的唯一虚假臆断。此外，经常传播的还有三个为当年事件辩解的谬论。第一个谬论是，巴勒斯坦人是咎由自取，因为他们拒绝了1947年11月的联合国分治决议。这一指控无视犹太复国主义运动的殖民主义性质。显而易见的是，对巴勒斯坦人的种族清洗绝不能作为对他们拒绝联合国和平计划的"惩罚"，因为该计划是在没有与巴勒斯坦人协商的情况下制订的。

与 1948 年有关的另外两个臆断是以色列好比是大卫王，攻打阿拉伯这个巨人歌利亚，战争结束后，以色列想握手言和，但巴勒斯坦人和更广泛的阿拉伯世界拒绝了这一示好的姿态。关于把阿拉伯比作歌利亚这个臆断，研究已经证明，巴勒斯坦人没有任何军事力量，阿拉伯国家只派出了相对小规模的分遣部队——比犹太人的武装力量规模小，装备和训练也远远不足。此外，这些部队被派往巴勒斯坦并不是对以色列国宣布建国的回应，而是回应已于 1948 年 2 月开始的犹太复国主义行动，更是在回应当年 4 月发生在耶路撒冷附近的代尔亚辛村广为人知的大屠杀。[20]

至于以色列政府在冲突结束后伸出和平之手的第三个迷思，档案中的记载则是完全相反的。事实上，毫不妥协的以色列领导层显然拒绝就托管结束之后的巴勒斯坦的未来进行谈判，或考虑让被驱逐或逃离的人民重返家园。虽然阿拉伯政府和巴勒斯坦领导人愿意参与一项新的、更合理的联合国和平倡议，但 1948 年 9 月，犹太恐怖分子暗杀了联合国和平调解人伯纳多特伯爵（Count Bernadotte）时，以色列领导人对此视而不见。之后巴勒斯坦和解委员会（PCC）取代了伯纳多特，随着 1948 年底新的谈判重启，以色列进一步拒绝了该机构通过的所有新的和平提议。结果，曾于1947年11月以三分之二多数票赞成分治决议的联合国大会在1948年12月全票通过了新的和平决议。这就是12月11日通过的第194号决议，包括三项提议：对巴勒斯坦的分治问题重新进行谈判，以更好地符合当地的人口现状；所有难民全面、无条件返回巴勒斯坦；将耶路撒冷国际化。[21]

以色列继续坚持不妥协的方针。正如历史学家阿维·什莱姆（Avi Shlaim）在其著作《铁墙》（The Iron Wall）中所指出的，与巴勒斯坦人从来都对和平机会说"不"的谬谈相反，恰恰是以色列一直在拒绝谈判桌上的提议。[22] 以色列先是在1949年拒绝了叙利亚统治者胡斯尼·扎伊姆（Husni al-Zaim）就难民问题提出的和平提议和新想法，接着是本-古里安在20世纪50年代初打击了贾迈勒·阿卜杜勒·纳赛尔（Gamal Abdel Nasser）发出的最初和平试探。更为人所知的是，以色列在1972年与侯赛因国王（King Hussein）的谈判中（由亨利·基辛格就约旦河西岸问题进行调停），拒绝表现出任何灵活性，也拒绝留意埃及总统萨达特（Sadat）1971年发出的警告，即如果他们不能就西奈半岛问题进行双边谈判，自己将被迫为此开战——而他两年后确实这么做了，这给以色列的安全感和无往不胜的自信带来了重创。

围绕1948年的所有迷思融合在一起，编织出了一个犹太国家的幻象，这个国家与一切困难作斗争，向巴勒斯坦人提供援助,鼓励他们留下来并提出和平建议,结果却发现对面"没有合作伙伴"。对抗这一形象的最好办法是耐心而系统地重新描述1946年至1949年期间发生在巴勒斯坦的事件。

1946年,位于伦敦的英国政府认为他们可以在未来一段时间内保住巴勒斯坦。随着那一年埃及民族解放斗争的加剧,英国开始将军队从埃及转移到巴勒斯坦。然而,在年底的严冬中,犹太复国主义准军事组织之间的紧张局势不断升级,这些组织已经开始将矛头对准英国军队,最重要的是,英国撤离印度的决定导致其对巴勒斯坦的政策发生了巨大变化。1947年2月,英国决定离开巴勒斯坦地区。定居者和原住民社群对这一消息的反应截然不同。巴勒斯坦社群及其领导人认为,这一过程将与邻近的阿拉伯国家类似。托管政府会逐步将权力移交给当地人民,并通过民主的方式决定未来国家的性质。然而,犹太复国主义者则对后续发生的事情做了更充足的准备。在伦敦决定撤军后,犹太复国主义领导人立即在外交和军事两条战线上做好了准备,为未来的对抗未雨绸缪。

犹太复国主义者甫一开始主要关注的是外交。其形式是找到办法,挫败巴勒斯坦人关于该国未来应以民主决定的主张。一种特殊的方式是将大屠杀和世界各地犹太人的命运与巴勒斯坦定居者犹太社群的命运联系起来。因此,犹太复国主义外交官努力说服国际社会,宣称谁能取代英国成为巴勒斯坦最高权力机关的问题与世界上所有犹太人的命运息息相关。更令人痛心的是，这项政策与需要补偿犹太人在大屠杀期间遭受的苦难有关。

结果是，联合国于1947年11月29日通过了分治决议。这份文件是由巴勒斯坦问题特别委员会（UNSCOP）编写的，该委员会的委员们对巴勒斯坦问题的了解（如果有的话）几乎一无所知。犹太复国主义运动认为对领土分而治之是解决问题的最佳方案。事实上，特别委员会的成员们几乎没有从巴勒斯坦人那里得到反馈。巴勒斯坦和阿拉伯国家联盟的政治代表机构阿拉伯最高委员会决定抵制特别委员会。显然，巴勒斯坦人享有家园的权利不会像伊拉克人和埃及人那样受到尊重。在第一次世界大战结束后，国际联盟立即承认了中东所有国家的自决权。1947年排斥巴勒斯坦人的决定（类似的还有排斥库尔德民族的决定）是一个严重错误，也是造成这一地区持续冲突的主要原因之一。

犹太复国主义者建议，犹太国家的面积应该占巴勒斯坦的80%，其余的可以成立一个独立的阿拉伯巴勒斯坦国，或者被吞并然后移交给约旦王国。结果是，约旦本身对联合国的努力持矛盾的态度：一方面，他们可能有机会将其干旱的王国扩展到肥沃的巴勒斯坦地区；另一方面，他们不希望被视为巴勒斯坦事业的叛徒。当犹太领导人向约旦的哈希姆家族提供了一份关于这方面的协议时，这种两难的困境变得更加尖锐。在某种程度上，1948年战争结束时，巴勒斯坦或多或少地以这种方式被犹太复国主义运动和约旦分割了。[23]

然而，犹太复国主义者对巴勒斯坦问题特别委员会并没有绝对的控制权。该委员会在1947年2月至11月期间审议了解决方案，并修订了犹太复国主义者的计划。这次决议增加了给巴勒斯坦人分配的地区，并坚称将建立两个独立的国家。委员会隐晦地希望，两国能形成经济联盟并制订共同的移民政策，如果双方人民有意愿，便能在对方国家享有投票权。根据解密文件显示，犹太复国主义领导人当时接受了联合国提供的新的版图规划和条款，是因为他们知道巴勒斯坦拒绝了该方案。他们还知道，领土的最终划分将取决于实地行动，而不是在委员会会议室中的谈判。[24] 最重要的结果是，能让这个犹太国家在国际上获得正当性，包括未来立国时的边界划定。回溯过往，我们可以认识到，从1948年犹太复国主义领导人的角度来看，他们在安排建国事项时不去处理边界划定，做法非常正确。

从分治决议到1948年5月英国托管结束，犹太复国主义的领导们没有闲着，他们必须积极主动。在阿拉伯世界，要求政府对这个新的犹太国家使用武力的压力越来越大。与此同时，在巴勒斯坦的土地上，当地准军事组织主要针对犹太人的交通和偏远的殖民地发动了袭击，试图先发制人阻止国际决定的实施，避免将他们的家园变成一个犹太国。这些抵抗的持续时间相当有限，并在联合国宣布分治决议后的几周内逐渐销声匿迹。与此同时，犹太复国主义领导们在三条独立的战线上分别采取了行动。第一个是为阿拉伯国家实施军事入侵的可能性做好准备。这确实发生了，我们现在知道，犹太军队由于阿拉伯军队缺乏真正的准备、目标和协调而占了便宜。阿拉伯的政治精英们仍然非常不情愿干涉巴勒斯坦问题。犹太复国主义者与约旦达成了一个共识，让后者接管部分巴勒斯坦，即后来的约旦河西岸，作为对约旦在战争中有所保留的回报。事实证明，这是权力平衡的一个关键因素，约旦军队是阿拉伯世界中最精良的军队。

在外交方面，1948年2月和3月是犹太复国主义运动特别紧张的时期。美国通过驻当地的特使意识到1947年11月的联合国分治决议是有缺陷的。该方案并没有带来宁静和希望，反而导致了暴力事件爆发。已有报道称巴勒斯坦人被赶出家园，阿拉伯人和犹太人之间互相杀戮。双方都袭击了对方的公共交通设施，在犹太人和阿拉伯人混居的城镇里，社区分界线上发生的小规模冲突持续了数日。美国总统哈里·杜鲁门同意重新考虑分治，并提出了一个新方案。他通过驻联合国大使提议对整个巴勒斯坦实行为期五年的国际托管，以便有更多时间寻求解决方案。

这一举措被既得利益集团突然叫停。美国的犹太游说集团首次派上用场，并改变了美国政府的立场。那时还没有美国以色列公共事务委员会（AIPAC），但将美国国内的政治局势与犹太复国主义，以及后来的以色列在巴勒斯坦的利益联系起来的途径已经就绪。无论如何，这种方式奏效了，美国政府又回到了支持分治决议的立场。有趣的是，苏联甚至更加忠于犹太复国主义立场，并且从未动摇。在巴勒斯坦共产党（PCP）党员的帮助下，在1948年5月前后苏联协助捷克斯洛伐克向犹太军队提供武器。今天的读者可能对此感到惊讶，但巴勒斯坦共产党对犹太复国主义事业的支持可能出于两个原因。首先，苏联认为新的犹太国家将是社会主义和反英的［因此他们在初露端倪的冷战中更倾向于东方集团（the Eastern Bloc）］。其次，巴勒斯坦共产党认为民族解放是他们走向更彻底的社会革命的必要阶段，他们承认巴勒斯坦人和犹太复国主义者发起的都是民族运动（这就是为什么该党时至今日仍然支持两国方案）。[25]

在努力争取国际认可的同时，犹太复国主义领导人正忙于为其团体做好应战准备，强制征兵和征税，加强军事准备，并不断增加武器采购。他们在收集情报方面也相当高效，这些情报暴露了阿拉伯世界其他地区缺乏准备。在军事和外交方面两手抓并没有影响到犹太复国主义运动领导人在最重要问题上的战略：如何在巴勒斯坦的大部分地区建立一个既民主又犹太的国家？或者，换一种方式来说：未来的犹太国家如何处理巴勒斯坦人口？

关于这个问题的各种讨论于1948年3月10日结束。当时最高司令部制订了臭名昭著的D计划，即"达拉特计划"（Plan Dalet），该计划暗示了将被犹太军队占领地区的巴勒斯坦人的命运。这场讨论由犹太社群领袖戴维·本-古里安领导，他决心确保犹太人在未来国家里的人口具有排他性。这种执念不仅影响了他在1948年之前的行为，也影响了他在以色列建国很久之后的行动。后面我们会看到，这导致他在1948年策划了对巴勒斯坦的原住民驱离，并在1967年反对占领约旦河西岸。

在分治决议通过之后的几天里，本-古里安告诉他在领导层中任职的同僚们，一个犹太人口只占60%的犹太国家是不可行的。然而，他没有透露巴勒斯坦人占多大比例会阻挠未来的国家发展。但是，他向将军们传达的信息，以及通过他们向地面部队传达的信息是明确的：在一个犹太国家里，巴勒斯坦人越少越好。正如努尔·马萨哈和艾哈迈德·萨迪（Ahmad Sa'di）等巴勒斯坦学者所证明的那样，这就是他在战后还试图除掉那些留在犹太国家的巴勒斯坦人（即"阿拉伯少数派"）的原因。[26]

1947年11月29日（联合国决议通过的日期）至1948年5月15日（英国托管结束的日期）期间，还发生了其他一些事情，帮助犹太复国主义运动更好地为未来提前做足准备。随着托管结束期限的临近，英国军队撤退到海法港。他们一离开某片领土，犹太社群的军事力量就会占领该地，甚至在托管结束之前就清除了当地居民。清洗始于1948年2月，开始只针对几个村庄，到4月以清洗海法、雅法、采法特、贝桑、阿卡和西耶路撒冷而告终。最后阶段的清洗活动纳入了总体规划D计划，并进行了系统的策划。该计划是与犹太团体的主要军事派别哈加纳高级指挥部一起制订的，明确提到了在人口清洗过程中使用的方法：

> 摧毁村庄（焚烧、炸毁、在废墟中埋设地雷），尤其是那些难以持续控制的人口中心区……
>
> 按照以下指导方针开展搜索和控制行动：包围村庄进行搜索。如果遭遇抵抗，必须摧毁武装部队，居民必须被驱逐出国境。[27]

从5月15日起，在与来自阿拉伯世界的正规部队对峙的同时，小规模的以色列军队如何进行大规模的种族驱离行动呢？首先，值得注意的是，在阿拉伯军队到来之前，城市人口（除了三个城镇：利德、拉姆勒和比尔萨巴）已经被驱离了。其次，巴勒斯坦农村地区已经处于以色列的控制之下，与阿拉伯军队的对抗发生在这些农村地区的边界上，而不是在这些村庄内部。有一次，约旦人本可以对巴勒斯坦人施以援手，但约旦军队的英国指挥官约翰·格拉布爵士（Sir John Glubb）决定从利德和拉姆勒撤军，避免与以色列军队发生冲突。[28] 最终，阿拉伯的军事力量效率低下，而且持续时间很短。在头三周取得一些成功后，他们在巴勒斯坦都是以失败告终，仓促撤退，溃不成军。在1948年底的短暂平静之后，以色列的种族驱离继续有增无减。

从我们目前的角度来看，以色列在巴勒斯坦农村的行动可以被定义为战争罪,这是无法逃脱的。事实上,这是一种反人类罪。如果忽视这一确凿的事实,人们将永远无法理解以色列对作为一个政治制度和社会的巴勒斯坦和巴勒斯坦人的态度背后意味着什么。犹太复国主义运动的领导人,也就是后来的以色列政府,犯下了种族驱离罪。这不仅仅是一个名词,更是一个具有深远的政治、法律和道德影响的控诉。种族驱离罪的定义在20世纪90年代巴尔干内战后得以阐明:种族驱离是一个民族采取的旨在驱逐另一个民族的行动,目的是将一个民族混杂区转变为一个纯种民族地区。无论采用何种手段来达成——从劝说和威胁驱逐到大规模杀戮,这些行动都是种族驱离。

此外,驱离行动本身决定了其定义;就像某些政策被国际社会视为种族驱离,即使这些政策的总体方案还没有被发现或曝光。因此,种族驱离的受害者既包括出于恐惧而背井离乡的人,也包括驱离行动中正在被强行驱逐的那些人。相关定义和参考资料可在美国国务院和联合国的网站上查阅。[29] 海牙国际法庭也是根据这一定义来审判此类行动的策划者和执行者。

对早期犹太复国主义领导人的著作和思想的研究表明,在1948年这种罪行是不可避免的。犹太复国主义的目标没有改变:致力于接管尽可能多的英属巴勒斯坦托管地,在创建未来犹太国家的规划用地中拆除那里大部分的巴勒斯坦村庄和城市社区。清洗行动的执行工作比计划中预期的更加系统和全面。在7个月内，531个村庄被摧毁，11个城市社区被清空。在大规模驱逐的同时，还发生了屠杀、强奸和将10岁以上的男子监禁在劳改营一年多的事件。[30]

在政治层面上，以色列应该为巴勒斯坦难民问题的产生承担全部责任，包括法律和道德责任。在法律层面上，即便存在诉讼时效，而且时间过去了那么多年，但是那些犯下了危害人类罪的人没有受到法律的制裁，他们曾经实施的行为依然是一种罪行。在道德层面上，这意味着犹太国家与其他许多国家一样，是从罪恶中诞生的，但这些罪恶或罪行从未被承认。更糟糕的是，在以色列的某些圈子中，这一点是公认的，但不论是事后再看，还是作为未来针对巴勒斯坦人的政策，无论巴勒斯坦人身在何处，这些罪行都被认为是完全合乎情理的。时至今日犯罪仍在继续。

以色列的政治精英完全无视这些影响。相反，人们从1948年的事件中得出了一个截然不同的结论：一个国家，可以将另一个国家一半的人口驱逐出去、摧毁整个国家一半的村庄而不受惩罚。1948年及以后，这一结论所带来的后果是不可避免的，种族清洗政策继续进行，且手段更加多样化。这一过程中发生了一些众所周知的标志性事件：1948年至1956年间，更多的村民被驱逐出以色列；1967年战争期间，约旦河西岸和加沙地带的30万巴勒斯坦人被迫迁移；一场对大耶路撒冷地区巴勒斯坦人非常克制但持续的清洗，到2000年受害人数达25万。

1948年以后，种族驱离政策采取了多种形式。在被占领土的各个地区和以色列境内，驱逐政策改为禁止人们离开村庄或社区。将巴勒斯坦人限制在居住地与驱逐他们的目的相同。他们被围困在《奥斯陆协议》划定的约旦河西岸的A区、B区和C区等飞地，或在被宣布成为约旦河西岸一部分的耶路撒冷村庄和社区里，或在加沙的贫民区中。在官方或非正式的人口普查中，他们都不会被统计在册，这对以色列决策者来说是重中之重。

只要国际社会不承认和处理以色列过去和现在的种族驱离政策带来的全部影响，巴以冲突就没办法解决。忽视巴勒斯坦难民问题将一再破坏任何使冲突双方和解的努力。这就是为什么必须承认1948年的事件是一次种族驱离行动，以确保政治解决方案不会回避冲突的根源，也就是对巴勒斯坦人的驱逐。过去的种种逃避是造成之前所有和平协议瓦解的主要原因。

如果不吸取法律教训，巴勒斯坦方面将永远存在报复冲动和复仇情绪。法律承认1948年的"大浩劫"是种族清洗行为，这将为某种形式的正义补偿铺平道路。这与最近在南非发生的事情进程相同。承认过去的罪恶不是为了将罪犯绳之以法，而是为了让罪行本身引起公众的注意和审判。最终的裁决不是报复性的，不会有惩罚，而是恢复性的：受害者将得到补偿。1948年12月，联合国大会在第194号决议中明确规定了对巴勒斯坦难民的特殊情况给予最合理的补偿：难民及家属无条件返回家园（可能的话，回到家中）。如果没有一些这样的补偿，以色列国将继续作为一个位于阿拉伯世界中心的敌对飞地存在，这是殖民主义历史的最后提醒，它不仅使以色列与巴勒斯坦人、更与整个阿拉伯世界的关系复杂化。

然而，值得注意的是，以色列的一些犹太人已经从中吸取了所有教训。并非所有的犹太人都对"大浩劫"漠不关心或一无所知。这些犹太人目前只是一小部分，但他们已经让外界知道了他们的存在，这表明至少有一些犹太公民对1948年期间被杀害、强奸或受伤的人的哭泣、痛苦和灾难并非充耳不闻。他们对20世纪50年代成千上万的巴勒斯坦公民被逮捕和监禁有所耳闻，他们承认1956年卡夫·卡西姆（Kafr Qasim）大屠杀，当时该国公民仅仅因为是巴勒斯坦人就惨遭军队杀害。他们知道1967年战争期间犯下的战争罪行以及1982年对难民营的无情轰炸。他们没有忘记20世纪80年代及之后在占领区内对巴勒斯坦青年身体的虐待。

他们也不是瞎子。他们目睹了531个被摧毁的村庄和社区的遗迹。他们看到了每一个以色列人都能看到但大部分人选择逃避的事物："基布兹"集体农场房屋下以及犹太国家基金会种植的松林下的村庄残迹。他们没有忘却发生了什么，即使社会上的其他人已经忘却了。也许正因为如此，他们完全理解1948年的种族驱离和直至今日发生的事件之间存在关联。他们认识到以色列独立战争中的英雄与残酷镇压两次巴勒斯坦大起义的人之间存在关联。他们从不把伊扎克·拉宾或阿里埃勒·沙龙（Ariel Sharon）误认为是和平英雄。他们也拒绝忽视修建隔离墙与更广泛的种族驱离政策之间存在的明显关联。1948年的驱逐和如今将人们囚禁在围墙内是相同的种族主义意识形态的必然后果。他们也不可能认识不到自2006年以来加沙遭受的不人道行为与过往的政策和做法之间存在关联。这种不人道并非凭空产生的，它的历史和意识形态基础为其提供了正当性。

由于巴勒斯坦政治领导层忽视了冲突的这一面，是巴勒斯坦民间社会努力将1948年事件重新置于国家议程的中心，在该领域中发挥了带头作用。在以色列内外，巴迪勒资源中心（BADIL）、捍卫境内流难者协会（ADRID）和返乡权益联盟（Al-Awda）等巴勒斯坦非政府组织正持续奋斗着，以保存1948年的记忆，并解释了如何处理当年的事件会对巴勒斯坦的未来至关重要。

第六章

1967年6月的战争是一场"别无选择"的战争

1982年6月,在以色列袭击黎巴嫩之后,以色列官方宣布国家只能采取暴力行动,除此之外"别无选择"。这一说法引发了很多争议。当时,以色列公众分为两派,一些人认为这场战争是必要和正当的,另一些人则从道德上质疑其正当性。双方在阐发观点时都以1967年的战争为衡量标准,这场早期的冲突被视为"别无选择"的战争的一个无懈可击的实例。这是一个迷思。[1]

根据这个公认的说法,1967年的战争迫使以色列占领了约旦河西岸和加沙地带,在阿拉伯世界或巴勒斯坦人愿意与犹太国家达成和平前,以色列会对这些地区实施管控。因此另一个谬论出现了,我会在另一章中展开讨论,即巴勒斯坦领导人不肯妥协,所以和平也不可能实现。因此,这个理由给人的印象是,以色列的统治只是暂时的：在巴勒斯坦采取更为"明智"的立场之前，这些领土将被迫继续接受管控。

为了重新评估 1967 年的战争，我们首先需要回顾 1948 年的战争。以色列的政治和军事精英们认为他们在 1948 年错过了一次历史机遇：以色列本可以在那时候占领彼时从约旦河到地中海之间的巴勒斯坦全境。但他们没有这么做，唯一的原因是他们与邻国约旦达成了一项协议。在英国托管结束的最后几天，以色列和约旦通过谈判进行密谋，约旦军队同意有限度地参与 1948 年的中东战争。作为回报，以色列允许约旦吞并后来划作西岸的巴勒斯坦地区。戴维·本－古里安遵守了 1948 年之前的协议，将允许约旦占领约旦河西岸的决定称为"bechiya ledorot"，字面上的意思是"子孙后代会对这一决定感到惋惜"，另一种更具隐喻性的解读是"一个致命的历史错误"。[2]

自 1948 年以来，犹太文化界、军界的重要人物和政治精英们一直在寻找机会纠正这一错误。从 20 世纪 60 年代中期开始，他们就在缜密地策划建立一个包括西岸在内的"大以色列"。[3] 在多个历史关头，他们的计划都功败垂成。最著名的是在 1958 年和 1960 年，当时戴维·本－古里安由于担心国际社会的反应而第一次中止了该计划，第二次中止是由于人口原因（他们认为以色列无法容纳那么多的巴勒斯坦人）。1967 年的战争带来了最好的机会。我在本章后面将探讨这场战争的起源，我认为无论关于这场战争起因的历史叙事是什么样的，都必须仔细审视约旦在其中发挥的作用。例如，为了维持以色列自1948年以来与约旦建立的相对良好关系，是否有必要占领并保持对西岸的控制？如果答案是否定的，那么我认为问题就出现了：以色列为什么施行这一政策，以及以色列未来放弃西岸的可能性到底有多大？即便正如以色列官方谬论所说的那样，占领约旦河西岸是为了报复约旦1967年6月5日对以色列的侵略，但问题仍然存在，威胁消失后，以色列为什么仍留在西岸？毕竟，以色列有很多次侵略性的军事行动都没有因为领土扩张而告终。本章中，我将试图证明，自1948年以来以色列就一直蓄谋将约旦河西岸和加沙地带纳入自己的版图，即使该计划在1967年才得以实施。

1967年战争真的不可避免吗？我们可以从1958年入手寻找答案，在现代中东的学术文献中这一年被称为革命之年。1958年，进步、激进的思想让埃及自由军官组织（Egyptian Free Officers）在开罗掌权，并开始影响整个阿拉伯世界。这一趋势得到了苏联的支持，也几乎不可避免地受到了来自美国的挑战。这场在中东"上演"的冷战为那些寻找借口来纠正"1948年致命的历史错误"的以色列人提供了机会。这次行动是由以色列政府和军队内部一个强大的游说团体推动的，由1948年的战争英雄摩西·达扬（Moshe Dayan）和伊加尔·阿隆领导。当西方达成共识，认为埃及出现的"激进主义"可能会蔓延至包括约旦在内的其他国家时,游说团建议总理本-古里安与北约接触,推广"以色列先发制人占领约旦河西岸"的想法。[4]

在伊拉克落入进步但激进的军官手中后,这种想法变得更加合理。1958年7月14日,一群伊拉克军官发动军事政变,推翻了哈希姆王朝。1921年英国人支持哈希姆家族执掌政权,目的是将伊拉克控制在西方的势力范围内。经济衰退、民族主义以及与埃及和苏联的紧密联系引发了一场抗议运动,使得权力落入了军官们手中。抗议运动由一个自称"自由军官"的组织领导,该组织模仿六年前推翻埃及君主制的组织,领导人是阿卜杜勒·卡里姆·卡西姆(Abd al-Karim Qasim),目的是推翻君主制,建立伊拉克共和国。

当时,西方国家担心黎巴嫩可能是下一个被革命力量接管的地区。北约决定派遣联军先发制人(美国海军陆战队前往黎巴嫩,英国特种部队前往约旦)。西方国家认为以色列没必要卷入阿拉伯世界这场正在发展中的冷战,也不希望他们参与进来。[5]因此,当以色列提出至少要"保住"约旦河西岸的想法时,遭到了华盛顿的坚决反对。不过,本-古里安似乎很高兴在这个阶段被警告离开。他不想破坏1948年取得的人口统计成就,也不想因为接纳生活在约旦河西岸的巴勒斯坦人而破坏新的"大以色列"中犹太人和阿拉伯人之间的平衡。[6]本-古里安在日记中写道,他曾向部长们解释,占领西岸将构成严重的人口威胁:"我告诉他们，把 100 万阿拉伯人纳入一个拥有 175 万人口的国家是危险的。"[7] 出于同样的原因，他在两年后的 1960 年先发制人，阻止了更为鹰派的游说团体利用新危机进行的另一次尝试。只要本－古里安大权在握，汤姆·塞格夫（Tom Segev）在其著作《1967》中精彩描述的游说团体就不会得逞。然而，到了 1960 年，对游说团体的遏制变得更加困难。事实上，在那一年，所有将在之后引发 1967 年危机的条件都已具备，面临同样的战争威胁。但战争没有爆发，或者至少说被推迟了。

1960 年，第一位出现在舞台上的重要人物是埃及总统贾迈勒·阿卜杜勒·纳赛尔，他推行了一项危险的边缘政策，并在六年后如法炮制。纳赛尔加强了对以色列的战争言论，威胁要将军队派驻西奈半岛的非军事区，并封住船只进入以色列南部城市埃拉特的海路。他在 1960 年和 1967 年行事的动机是一样的。他担心以色列会袭击叙利亚，而叙利亚在 1958 年至 1962 年与埃及以阿拉伯联合共和国之名正式结盟。自从以色列和叙利亚在 1949 年夏天达成停战协议以来，有很多问题悬而未决，其中有几块被联合国划为"无人区"的土地，双方都在觊觎。以色列时不时地鼓励基布兹集体农场和这些土地附近定居点的居民们去那里耕种，因为以色列深知这会挑动叙利亚对这片土地上方的戈兰高地做出反应。这正是 1960 年发生的事情，随后的事态发展都在意料之中，以牙还牙的冲突不断升级：以色列空军出兵，除了要获取实战经验，也是为了向叙利亚空军部署的苏联战机示威。随后是混战，炮火交锋，停战委员会不断收到抗议，令人不安的沉寂重新降临，直至下一轮暴力来袭。[8]

以色列和叙利亚之间的第二次摩擦，来源于以色列在约旦河河口和叙利亚南部之间修建国家输水管道（这是一个大型的以色列官方工程，包括高架桥、管道和运河）。该工程始于1953年，其中有一项是抽走叙利亚和黎巴嫩急需的部分水资源。作为回应，叙利亚领导人成功地说服了同属阿拉伯联合共和国的盟友埃及，为了确保具有战略意义的戈兰高地和约旦河源头的安全，以色列可能会对叙利亚发动一场全面的军事行动。

纳赛尔还有另外的动机来打破历史上巴勒斯坦及其周边地区不稳固的平衡状态。他希望打破这一时期的外交僵局，挑战全球对巴勒斯坦问题的漠视。正如阿维·什莱姆在其著作《铁墙》中描写的那样，纳赛尔曾与以色列鸽派外交部部长、曾在20世纪50年代短暂担任以色列总理的摩西·沙雷特（Moshe Sharett）进行谈判，希望找到摆脱僵局的方法。[9] 然而，纳赛尔明白权力掌握在本-古里安手中，一旦他于1955年重新担任总理，推进两国和平的希望就变得越来越渺茫。

在谈判期间，双方讨论了埃及在内盖夫开辟陆地通道的可能性，以求结束僵局。这个初步设想只停留在议程阶段，没有进一步深化，我们无法知道它能否导致双边和平条约的签署。我们很清楚只要本－古里安还是以色列总理，以色列和埃及之间几乎就不可能达成任何双边和平协议。即使本－古里安已经下台，他还是利用了与军方的关系，说服指挥官在谈判期间对加沙地带的埃及军队发动了几次挑衅性质的军事行动。以色列为军事行动找了借口：巴勒斯坦难民从加沙地带渗透到以色列，而且逐渐军事化，最终形成了一场针对犹太国家的游击战。对此，以色列摧毁了埃及的基地并杀害了埃及军人。[10]

1956年，为了推翻纳赛尔，本－古里安刚一重新掌权，就与英国和法国结成军事联盟，和平努力从各方面看都夭折了。难怪四年后，当考虑对以色列发动战争时，纳赛尔认为他是在先发制人，目的是使他的政权免受英国、法国和以色列可能发起的袭击。因此，在1960年，当以色列和叙利亚边境的紧张局势加剧，且外交方面没有任何进展时，纳赛尔探索了一种新战略，即此前提到的"边缘政策"。这种演练的目的是不断试探可能的底线，借此研究军事准备和威胁能在多大程度上改变政治现状，而不真的发动战争。这种边缘政策的成功不仅取决于发起人，还取决于政策所针对对象做出的不可预知的反应。这正是该政策可能出现严重失误的地方，就像在1967年发生的一样。

纳赛尔在1960年首次实施了这一战略，并在1967年以类似的方式故技重施。他向西奈半岛派遣了军队——根据1956年的停战协议，这里是非军事区。面对这一威胁，以色列政府和联合国在1960年采取了非常明智的行动。联合国秘书长达格·哈马舍尔德（Dag Hammarskjöld）立场坚定，要求埃及军队立即撤出。以色列政府虽召集了储备兵力，但明确表示不会发动战争。[11]

在1967年战争前夕，所有这些因素都在暴力事件的爆发中发挥了作用。然而，有两位人物不再参与其中：戴维·本－古里安和达格·哈马舍尔德。本－古里安于1963年离开政界。具有讽刺意味的是，只有在他离开后，大以色列游说团才得以策划下一步行动。在此之前，本－古里安对人口的执念阻碍了对约旦河西岸的占领，但以色列对不同的巴勒斯坦群体强制实施的军事统治也借此诞生，这种统治现在已为人所熟知。1966年该管理体制被废除，这让现成的国家机器甚至在1967年6月战争爆发之前就控制了西岸和加沙地带。1948年，以色列对巴勒斯坦少数派实施的军事统治是基于英国托管时期的《紧急状态条例》，该条例将平民视为潜在的异族群体，因此剥夺了他们的基本人权和公民权利。整个巴勒斯坦地区都设立了具有行政、司法和立法权力的军事长官。到1966年，这种体制就像一部运转良好的机器，他们在约旦河西岸和加沙地带建立类似政权时，原先的数百名雇员将充当核心。

因此，1966年被废除的军事条例于1967年在西岸和加沙地带强制推行，入侵万事俱备。自1963年以来，一群来自军队、行政机构和学术界的以色列专家，都为此次变革制订了方案，他们编写了一份详细的手册，说明一旦机会来临应该如何根据紧急条例治理巴勒斯坦领土。[12] 这赋予了军队在生活等各个领域的绝对权力。1967年，将这个国家机器从一个巴勒斯坦群体（以色列的巴勒斯坦少数派）转移到另一个群体（西岸和加沙地带的巴勒斯坦人）的机会来了，此时纳赛尔的边缘政策得到了苏联领导层的鼓励，苏联曾坚信以色列在1966年最后几天将会对叙利亚发动袭击。[13] 那年夏天，一个由军官和理论家们创建的新生组织发动了军事政变，接管了叙利亚，他们被称为"新复兴党"。新政权的首批行动之一，便是以更坚定的态度处理以色列滥用约旦河水源及其河口水域的计划。他们开始建造自己的国家输水管道，并根据自己的需要将河流改道。以色列军对这一新的工程实施了轰炸，导致两支空军频繁混战且激烈程度逐渐加剧。叙利亚新政权也看好新成立的巴勒斯坦民族解放运动。这反过来又鼓励了法塔赫（Fatah，巴勒斯坦武装力量——译者注）在戈兰高地发动针对以色列的游击战，将黎巴嫩作为发动袭击的导弹发射场，而这只会加剧两国之间的紧张关系。

似乎直到1967年4月，纳赛尔仍然希望他的作秀足以改变现状，而不必诉诸战争。1966年11月，他与叙利亚签署了一份防务联盟协议，公开表态如果以色列发动进攻他会帮助叙利亚。然而，1967年4月，以叙边境的局势恶化达到最高点。以色列对戈兰高地的叙利亚军队发动了军事袭击。据当时的以色列军队总参谋长伊扎克·拉宾说,这是为了"羞辱叙利亚"。[14] 到此为止,以色列似乎正在尽其所能将阿拉伯世界推向战争。直到那时,纳赛尔才觉得有必要将他 1960 年的策略故技重施:向西奈半岛派遣军队,封锁了蒂朗海峡,这是一条连接亚喀巴湾和红海的狭窄海路,这样可以停止或阻挡进入以色列最南部港口埃拉特的海路交通。与 1960 年一样,纳赛尔一直在等待联合国的反应。1960 年达格·哈马舍尔德不为所动,也没有撤出自 1956 年以来就驻扎在那里的联合国部队。新任秘书长吴丹(U Thant)则没有那么强硬,在埃及军队进入半岛时就撤出了联合国部队,这导致紧张局势进一步升级。

然而,导致战争匆忙发动最重要的原因,是当时以色列领导层内部没能向那些好战分子发起权威的挑战。若当时情势不同,可能会让其内部产生摩擦,从而延缓鹰派寻求冲突,同时让国际社会有时间寻求和平解决方案。1967 年 6 月 5 日,以色列对所有阿拉伯邻国发动袭击时,由美国领导的外交行动仍处于准备阶段,以色列内阁也无意为和平斡旋者提供必要的时间。这是一个不容错失的黄金时机。

战前,在以色列重要的内阁会议上,阿巴·埃班(Abba Eban)天真地问参谋长和他的同袍们,1960 年的危机和 1967 年的局势有什么区别,因为他认为 1967 年的危机可以用同样的方法解决。[15] 他得到的回答是这"是一个事关荣誉和威慑的问题"。埃班回答说，仅仅为了荣誉和威慑而牺牲年轻士兵，这样付出的人力成本太高了。我怀疑还有人对他讲了其他的话，但会议纪要中没有记载，可能包括要让他理解这是一个历史性的机会，能够弥补1948年没有占领约旦河西岸的"致命历史错误"。

战争于6月5日凌晨打响，以色列袭击了埃及空军，几乎将其摧毁。同一天，叙利亚、约旦和伊拉克的空军也遭到了类似的袭击。以色列军队还入侵了加沙地带和西奈半岛，并在接下来的几天抵达苏伊士运河，占领了整个半岛。以色列对约旦空军的袭击，导致约旦攻占了东、西耶路撒冷之间的一小片联合国代管区。经过激烈的战斗，以色列军队在三天之内（6月7日）夺取了东耶路撒冷。两天后，他们将约旦军队赶出了约旦河西岸。

6月7日，以色列政府对是否应该在戈兰高地开辟出一条新的战线来对抗叙利亚人仍有疑虑，但另一条战线上取得了巨大的成功，这说服了政客们允许军队占领戈兰高地。到6月11日，以色列已经成为一个小帝国，控制着戈兰高地、西岸、加沙地带和西奈半岛。在这一章中，我将集中讨论以色列占领西岸的决定。

战争前夕，约旦与埃及和叙利亚结成军事联盟，根据该联盟，一旦以色列进攻埃及，约旦就必须参战。尽管有这样的承诺，侯赛因国王还是向以色列发出了明确的信号，如果战争开始，他将不得不采取行动，但这将是短暂的，不会引发真正的战争（这与他祖父1948年的立场非常相似）。实际上，约旦的参与不仅仅是象征性的，它对西耶路撒冷和特拉维夫东郊发动了猛烈的轰炸。然而，重要的是要注意约旦为什么会这么做：几小时前，即6月5日中午，约旦的空军就被以色列彻底摧毁了。因此，侯赛因国王感觉必须做出比原计划更为有力的反应。

问题是军队并不在侯赛因的控制之下，而是由一位埃及将军指挥。这些事件的共同叙事是以侯赛因自己的回忆录和当时的美国国务卿迪恩·罗斯克（Dean Rusk）的回忆录为基础的。在这种叙事中，以色列向侯赛因发出了和解信号，敦促他不要参与战争（尽管它摧毁了约旦空军）。第一天，以色列仍然不愿对约旦发起太猛烈的攻击，但约旦因为空军被摧毁的反应导致以色列在第二天采取了更广泛的行动。实际上，侯赛因在他的回忆录中写到，他一直希望有人能阻止这种疯狂行为，因为他不愿意违背埃及人的意愿，也不愿意冒战争的风险。第二天，他敦促以色列人冷静下来，根据这一说法，到那时以色列才开始采取更大规模的行动。[16]

这种叙事存在两个问题。一个人怎么可能一边对约旦空军发动攻击，一边又发出和解信号呢？更重要的是，即使第一天以色列对约旦的政策仍然举棋不定，但从这段叙述中也可以清楚地看出，到第二天，它不希望给约旦任何喘息的机会。正如诺曼·芬克尔斯坦（Norman Finkelstein）正确指出的，如果你想摧毁约旦残军，并与这个以色列最忠诚的阿拉伯国家保持关系，在约旦河西岸发动闪电行动就够了，根本没必要去占领该地。[17] 以色列历史学家摩西·谢麦什（Moshe Shemesh）研究了约旦方面的消息来源，得出了结论，在以色列于 1966 年 11 月袭击巴勒斯坦村庄萨迈拉（Samua），试图击败巴勒斯坦游击队之后，约旦的最高指挥部便相信以色列打算以武力占领约旦河西岸。[18] 约旦没有看错。

事情没有像人们所担心的那样在 1966 年发生，而是发生在一年之后。当时整个以色列社会都被"解放"犹太教圣地的救世主计划所激励，而耶路撒冷将会是大以色列这顶新皇冠上的明珠。左翼和右翼的犹太复国主义者，以及西方的以色列支持者，也被这种欣喜若狂、歇斯底里的情绪冲昏了头脑，心醉神迷。此外，以色列并不打算在占领后立即从西岸和加沙地带撤军。事实上，他们根本不想离开。这应该进一步佐证了以色列对 1967 年 5 月的危机最终恶化为全面战争负有责任。

在战争结束后不久，联合国安理会著名的第 242 号决议要求以色列从 1967 年占领的所有领土上撤军，而以色列政府顶住了强大的国际压力。我们从中可以看出这一历史关头对以色列有多么重要。读者们或许了解，联合国安理会的决议比联合国大会的决议更有约束力。这是安理会为数不多的没有被美国否决的谴责以色列的决议之一。

我们现在可以查阅以色列政府在占领后几天内的一场会议的记录。这是以色列第十三届政府，其成员与我在这里提出的论点有密切联系。这样一种大联合政府在以色列历史上可谓空前绝后。犹太复国主义和不同的犹太政治派别都有代表。除了共产党，不论左派、右派还是中间派在政府里都有代表。"以色列统一工人党"（Mapam）等社会主义政党、梅纳赫姆·贝京（Menachem Begin）的赫鲁特党（Herut）等右翼政党、自由党和宗教党派无一缺席。从会议记录中你可以感受到，部长们都知道他们代表的是社会上的广泛共识。在仅仅持续了六天的闪电战大获全胜后，笼罩在以色列的欢欣鼓舞的气氛进一步激发了这种信念。在这种背景下，我们可以更好地理解这些部长在战争结束后第一时间做出的决定。

此外，这些政客中的许多人自1948年以来一直在等待这一时刻。我想进一步指出，甚至在1948年之前，占领约旦河西岸特别是此地古老《圣经》中的遗址，就已经是犹太复国主义者的目标，它与整个犹太复国主义工程的整体逻辑相契合。这种逻辑可以概括为希望占领尽可能多的巴勒斯坦领土，并且那些领土上生活的巴勒斯坦人越少越好。正是因为这种共识、狂热和历史背景，使得后来的以色列政府从未偏离这些前任部长做出的决策。

他们做出的第一项决策是，以色列的存在离不开西岸地区。农业部长伊加尔·阿隆提出了各种直接和间接控制该地区的方法，他将可以建造犹太人定居点的地区和巴勒斯坦人密集的地区区分开，认为后者应该受到间接统治。[19] 阿隆在几年内改变了对间接统治手段的看法。起初，他希望约旦人会受到利诱，帮助以色列统治约旦河西岸的部分地区（虽然这一点从未明确说明，但可能是在约旦河西岸的"阿拉伯地区"维持约旦人的公民身份并施行约旦的法律）。然而，约旦对这一计划反应冷淡，使他倾向于认为在这些地区实行巴勒斯坦自治是最好的出路。

第二项决策是，西岸和加沙地带的居民不得以公民身份被纳入以色列国。这不包括生活在以色列当时定义为新的"大耶路撒冷"地区的巴勒斯坦人。该地区的范围定义，以及其中哪些人有权获得以色列公民身份，随着其地域扩张，时时都在改变。大耶路撒冷越辽阔，居住在那里的巴勒斯坦人就越多。今天，在大耶路撒冷地区有20万名巴勒斯坦人。为了确保并非所有人都会被计为以色列公民，其中许多社区被宣布为属于约旦河西岸的村庄。[20] 一方面拒绝赋予西岸和加沙地带的巴勒斯坦人公民身份，另一方面又不允许他们独立，这就迫使那里的居民过着没有基本公民权和人权的生活，以色列政府对此心知肚明。

因此，接下来的问题是以色列军队要占领巴勒斯坦地区多久。对大多数部长来说，答案似乎是而且现在仍然是：很长一段时间。例如，国防部部长摩西·达扬便在一个场合上抛出了"50年"这个答案。[21] 而至2017年，以色列已占领了50年之久。

第三项决策与和平进程有关。如前所述,国际社会期望以色列归还被他们占领的领土,以换取和平。以色列政府愿意与埃及就西奈半岛的未来、与叙利亚就戈兰高地进行谈判,但不愿意就约旦河西岸和加沙地带进行谈判。在 1967 年的一次简短新闻发布会上,当时的总理利维·埃什科尔(Levy Eshkol)也说了同样的话。[22] 但很快他的同僚们就明白了,委婉地讲,这种公开声明毫无益处。因此,这一战略姿态此后从未在公共领域再次明确地承认过。我们所掌握的是一些个人的明确声明,其中最著名的是丹·巴夫利(Dan Bavli),他是负责制定约旦河西岸和加沙地带政策的高级官员团队中的一员。回顾过去,巴夫利说,以色列不愿意谈判,尤其是在约旦河西岸问题上,这凸显了以色列当时的政策(我还要补充一点:日后也一样)。[23] 巴夫利将这一政策描述为"好战和短视的更高阶段",取代了所有对解决方案的探求:"以色列历届政府都对和平事宜高谈阔论,但却只是光说不练。"[24] 以色列人当时捏造的东西被诺姆·乔姆斯基(Noam Chomsky)称为一场"彻头彻尾的闹剧"。[25] 他们明白,谈论和平并不意味着他们不能在现实中创造既成事实,从而挫败和平的理念。

读者们可能会问,而且理应产生这样的疑问,即当时是否没有真正寻求和平的和平阵营或自由派犹太复国主义立场呢?确实是有的,也许今天仍然存在。然而,这些阵营从一开始就相当边缘，只得到了一小部分选民的支持。以色列的决策是由一批核心的政治家、将军和战略家做出的，他们制定政策，不会理会公共舆论。此外，至少事后来看，判断以色列战略性质的唯一方法不是通过国家决策者的话语，而是通过他们实际的行动。例如，1967年联合政府的政策声明可能与统治以色列至1977年的工党政府有所不同，与时断时续地统治以色列直到今天的利库德集团政府发出的声音〔除了已经不复存在的前进党（Kadima）在21世纪第一个10年曾领导沙龙和奥尔默特政府数年〕也有所区别。然而，每一个政权的行动都大同小异，仍然忠于这三项战略决策，而这些决策也在1967年后的以色列成为犹太复国主义的教条。

最关键的实地行动是在约旦河西岸和加沙地带建造犹太人定居点，并致力于将其扩大。以色列政府最初将这些定居点设在约旦河西岸（1968年起）和加沙（1969年起）人口密度较低的巴勒斯坦地区。然而，正如伊迪斯·泽塔尔（Idith Zertal）和阿基瓦·埃尔达尔（Akiva Eldar）在《土地之主》(The Lords of the Land)这部精彩的书中所描述的那样，部长和规划者们屈服于救世主定居者运动"忠诚信仰集团"的压力，也在巴勒斯坦城区的中心地带安置了犹太人。[26]

判断以色列自1967年以来真正意图的另一种方式是从巴勒斯坦受害者的角度看待这些政策。占领后，新统治者让西岸和加沙地带的巴勒斯坦人处于一种"不可能的"的状态当中：他们既非难民，也不是公民——他们过去和现在都是没有公民身份的居民。他们当时就像是一群囚犯，如今在许多层面上仍然像是被囚禁在一座大型监狱里，他们没有公民权利和人权，无法决定自己的未来。全世界都对这种局势采取容忍态度，因为以色列声称——直到最近这种说法才受到质疑——这种局势是暂时的，只会持续到以色列的巴勒斯坦伙伴正正当当地寻求和平之时。毫不奇怪，这样的伙伴还没有找到。在撰写本书时，以色列仍在以各种理由和方法监禁第三代巴勒斯坦人，并将这些大型监狱描述为暂时的现实，声称一旦以色列和巴勒斯坦实现和平，现状就会改变。

巴勒斯坦人能做什么？以色列传达的信息非常明确：如果他们遵守土地征用政策、严格限制行动、容忍占领区严厉的官僚体制，那么他们可能会获得一些好处：可能是在以色列工作的权利，可能是要求一些自治权，自1993年以来有些自治区甚至有权自称为国家。然而，如果巴勒斯坦人选择抵抗，如同过去偶尔发生的那样，等待他们的将是以色列军队的全部威力。巴勒斯坦社会运动者马津·库姆西耶（Mazin Qumsiyeh）统计出这类试图逃离这座巨型监狱的起义行动共有14起，每一次都遭到了残酷的打击。以加沙的事例而言，甚至得到种族灭绝的下场。[27]

因此，我们可以看出，对约旦河西岸和加沙地带的占领意味着始于 1948 的任务大功告成了。当时，犹太复国主义运动占领了巴勒斯坦 80% 的领土，1967 年，他们完成了占领。具有讽刺意味的是，盘桓在本－古里安心头的人口焦虑——一个犹太人不占多数的大以色列——通过将被占领土上的人口关押在一座非公民监狱中得以解决。这不仅是一种历史描述，从很多方面来说，直到今天现实依然如此。

第二部分 当今的谬论

第七章

以色列是中东唯一的民主国家

在许多以色列人和他们遍及全球的拥护者眼中——甚至是对其政策有所批判的人——以色列终究是一个温和的民主国家，寻求与邻国和平共处，并保障所有公民的平等。那些批评以色列的人认为，如果这个民主国家出了什么问题，那一定是1967年的战争造成的。在这种视角下，是战争腐蚀了这个诚实又勤劳的社会：在被占领土上掠夺不义之财，允许弥赛亚教派参与以色列政治，还有最重要的，是战争将以色列变成了一个在新领土上实施占领和压迫的实体。

一些著名的巴勒斯坦和亲巴勒斯坦的学者甚至仍然宣扬这一迷思："民主的以色列虽然在1967年陷入困境，但它依然是一个民主国家"，但这毫无历史依据。1967年之前的以色列绝对算不上民主国家。正如我们在前几章所见，以色列根据英国严酷的《紧急状态条例》，剥夺了巴勒斯坦人所有的基本人权和公民权利，对其五分之一的公民实行军事统治。占领区的以色列军事长官是这些公民生活的绝对统治者：他们可以为公民制定特别法律，摧毁他们的房屋和生计，并随心所欲地把他们送进监狱。直到 20 世纪 50 年代末，犹太人开始强烈反对这些滥用职权的行为，才最终减轻了以色列对巴勒斯坦公民的压迫。

对于 1967 年战前居住在以色列以及战后居住在约旦河西岸与加沙地带的巴勒斯坦人而言，这个政权甚至允许以色列国防军中级别最低的士兵统治和毁灭他们的生活。无助的巴勒斯坦人在一个士兵、他所属的部队或其指挥官决定拆除他们的房屋，或者把他们扣留在检查站几个小时，或者不经审判羁押他们的时候，是束手无策的。[1] 从 1948 年迄今，每时每刻都有一些巴勒斯坦人在经历这些遭遇。第一批遭受这种奴役的群体是以色列境内的巴勒斯坦少数族群。在以色列建国的头两年，生活在海法市卡尔迈勒山的巴勒斯坦社群被赶进贫民区，采法特的巴勒斯坦人被驱逐出他们居住了几十年的城镇，亚实突市（Isdud）的所有居民都被驱逐到加沙地带。[2] 农村的情况更为恶劣。以色列的各种基布兹公社运动（Kibbutz movements），觊觎着巴勒斯坦村庄的肥沃土地。其中有一个社会主义集体农场"犹太少年守望者"（Hashomer Ha-Zair），声称支持两国方案。1948 年的冲突平息很久之后，以色列军队对加布西耶（Ghabsiyyeh）、伊克丽特

(Iqrit)、比里姆（Birim）、盖达（Qaidta）、扎伊屯（Zaytun）和许多其他地方的村民声称，需要当地的土地来进行军事训练，诱骗他们离开家园两周，但当这些村民再次返回家园时，他们的村庄已经被摧毁或者被人侵占。[3]

1956年10月的卡西姆大屠杀（Kafr Qasim massacre）更证明了以色列奉行军事恐怖主义。在西奈行动（Sinai operation）前夕，49名巴勒斯坦公民被以色列军队杀害。当局声称，在该村实行宵禁时，他们在地里工作到很晚才回家。然而，这并不是以色列进行屠杀的真正原因。后来的证据表明，以色列曾认真考虑要将卡西姆所在的整片阿拉山河谷（Wadi Ara）与三角地带（Triangle）的阿拉伯人通通驱逐。阿拉山河谷连接东部阿富拉（Afula）和地中海岸旁的哈代拉（Hadera）；三角地带则是耶路撒冷东边的内陆腹地——根据1949年与约旦签订的《停战协定》，这两个地区都被割让给了以色列。正如我们所见，以色列总是希望开疆拓土，但并不欢迎伴随而来的巴勒斯坦人。因此，在以色列扩张的每一个关头，它都寻求在新占领的区域内以各种方式限制巴勒斯坦的人口数。

"黑痣行动"（Operation Hafarfert）是以色列与阿拉伯世界爆发新的战争时，一系列驱逐巴勒斯坦人的提案的代号。如今，许多学者认为1956年的大屠杀是一种尝试，目的是看看该地区的人们是否会因为恫吓而离开。在两名国会议员的勤奋努力下，大屠杀的行凶者受到了审判。这两位议员分别是来自以色列共产党的塔哇·图比（Tawaq Tubi）和左翼犹太复国主义联合工人党（Mapam）出身的拉蒂夫·多里（Latif Dori）。理应为这场大屠杀负责的指挥官以及犯下罪行的军方单位，却被轻轻放过，仅处以低廉罚款。[4] 这也进一步证明，军队被允许在占领区实施谋杀而不受惩罚。

系统性的残暴不仅在大屠杀这样的重大事件中表现出来。最严重的暴行也发生在该政权的平凡日常中。居住在以色列的巴勒斯坦人对 1967 年以前的时光仍讳莫如深，而当时的档案也没有揭露出全貌。令人惊讶的是，我们在诗歌中看到了当年军事统治下的生活风貌。纳坦·阿特曼（Natan Alterman）被视为同代人中最著名、最重要的诗人之一。他为一个名为"第七专栏"（The Seventh Column）的每周专栏写作，评论他自己读到或听到的事件。有时，他会略去有关活动日期甚至地点的细节，但会给读者提供足够的信息去判断他所指涉的事件。他经常用诗歌的形式表达他的批判：

> 新闻短暂地播出两天，接着又消失。
> 似乎没有人在意，也没有人知晓。
> 在遥远的乌姆阿法姆（Um al-Fahem），
> 孩子们——或该说是国家的公民——玩着泥巴，
> 其中一个孩子疑惑地看着我们这群勇敢的士兵。

他们大声地对他咆哮：停下！
命令就是命令！
命令就是命令，
但愚蠢的男孩并没有站住，他逃跑了。
于是勇敢的士兵开火，不出意外地命中并杀了男孩。
没有人讨论这件事情。[5]

在某个机缘下，阿特曼写出两位巴勒斯坦公民在阿拉山河谷被射杀的诗句。还有一次，他提到一位身患重病的巴勒斯坦女性与她的两个小孩（一个三岁，一个六岁），她们被无理由地驱逐到约旦河对岸。当这位女性尝试回家时，她与她的孩子们被逮捕，被关入拿撒勒（Nazareth）的监狱。阿特曼希望自己写的关于这位母亲的诗能够触动更多人的心灵，或至少引起官方的回应。然而，他在一周后这样写道：

作家的猜测落空了，
这个故事没有被否定或被解释，
只有沉默，不置一词。[6]

还有更多证据显示，以色列在1967年之前根本不是个民主国家。这个国家对尝试拿回自己的土地、农作物与牲畜的难民采取杀无赦政策，并为了颠覆埃及的纳赛尔政权而发起殖民战争。以色列好战的安全部队在1948到1967年间杀害了50多个巴勒斯坦公民。

对所有国家而言的民主"试金石",就是对国内少数群体的包容程度。从这一点来看,以色列远远称不上真正的民主国家。举例来说,在取得新的领土后,以色列制定数条法律,以确保主要族群的优先地位,包括管理公民身份的法律、关于土地所有权的法律,以及最重要的"犹太人回归法"。回归法自动给予世界上每一个犹太人以色列的公民权,不论他在哪里出生。这条法律堂而皇之地违反民主原则,因其彻底否定了巴勒斯坦人归乡的权利,而这是联合国大会1948年的第194号决议中已获得国际公认的权利。这项禁令让以色列的巴勒斯坦公民无法和他们的直系亲属或是那些在1948年被驱逐的人团聚。以色列否认巴勒斯坦人民回归故乡的权利,同时又让和这块土地毫无干系的他人拥有回归的权利,这是一种非民主的行径。

除此之外,以色列更进一步否定了巴勒斯坦人民的基本权利。以色列对巴勒斯坦公民几乎所有的歧视,都被"巴勒斯坦人没有服兵役"的事实正当化了。[7]透过重新审视以色列决策者决定如何对待国内五分之一人口的历史,我们可以更好地理解民主权利与服兵役义务之间的关联。他们的臆测是,巴勒斯坦公民不愿参军,反过来,这种对他们拒绝服兵役的臆测使得针对他们的歧视性政策变得合理化了。这些猜想在1954年面临考验,当时以色列国防部决定征召有服兵役义务的巴勒斯坦公民入伍。以色列情报部门向政府保证，多数巴勒斯坦人将会拒绝征召。令他们备感讶异的是，所有被征召的巴勒斯坦公民都在共产党的支持之下，前往了征兵处。共产党当时是巴勒斯坦社群中最庞大、最重要的政治势力。特工们稍后对这个现象的解释是：乡村的青少年生活乏味，渴望采取行动并展开冒险，是他们参军的主要理由。[8]

虽然发生了这样的插曲，但以色列国防部仍持续兜售着"巴勒斯坦社群不愿服兵役"的说法。随着时间的推移，不可避免的是，巴勒斯坦人已经转而反对不停压迫自己的以色列军队，但政府仍以此作为歧视的借口，这引发了人们对以色列伪称自己是一个民主国家的质疑。如果你是一个没有服兵役的巴勒斯坦公民，你作为工人、学生、家长或夫妻一方可以获得政府援助的权力将受到严重限制。这尤其影响居住和就业权益，有七成的以色列产业都被看作是涉及国家安全的敏感职业，未服兵役的公民很难在这些产业里找到工作。[9]

国防部的深层臆断不只认为巴勒斯坦人不愿服兵役，还认为他们是不可信任的潜在敌人。这种说法的问题在于，在以色列与阿拉伯世界发生的所有主要战役中，巴勒斯坦少数族群并没有如他们预期的那样行动，他们没有成为"第五纵队"般的间谍，也没有起身反对以色列政权。然而，这无法解除巴勒斯坦人的困境：直到今日，他们仍然被视为必须解决的"人口"问题。唯一让人感到安慰的是，至少如今大多数的以色列政治家并不认为迁移或驱逐巴勒斯坦人可以解决"问题"（至少在和平时期解决不了）。

当我们审视以色列的土地政策与相关的预算分配后，它自称"民主国家"的说法就更让人怀疑。自1948年以来，巴勒斯坦地方议会与自治区政府获得的拨款远低于犹太人居住区。土地短缺，再加上就业机会不足，造成了社会经济环境的异常。比如，上加利利（upper Galilee）的米伊莉亚村（Me'ilya），号称最"富裕"的巴勒斯坦社群，但它的境况仍比内盖夫开发度最低的犹太人发展市镇来得糟糕。《耶路撒冷邮报》在2011年的报道中指出："1997年到2009年间，犹太人的平均收入比阿拉伯人高出40%至60%。"[10]

今天，超过九成的土地为犹太国家基金会所有。土地所有者不得与非犹太裔公民交易，公有土地优先用于国家建设项目，这也意味着在新的以色列定居点不断建立的同时，巴勒斯坦人几乎没办法建设任何新的定居点。因此，尽管自1948年以来，巴勒斯坦最大的城市拿撒勒，人口已经增加了三倍，但城市面积连一平方公里都没有扩张。反观该城北方的犹太发展市镇上拿撒勒，却通过征用巴勒斯坦地主的土地，将城市空间扩张了三倍。[11]

加利利一带的其他巴勒斯坦村庄同样受到这一土地政策的影响，上演了类似的故事：自1948年以来，这些村庄的规模缩小了40%，有些甚至高达60%，而新的犹太人定居点则高筑于这些被征收的土地之上。在其他地方，以色列尝试启动人口与土地的全面"犹太化"。1967年后，以色列政府担忧居住在北部与南部的犹太人人口不足，计划增加这些地区的人口。为了支撑这种人口转型，必须征收巴勒斯坦人的土地，以建设犹太人定居点。

更过分的是，这些定居点将巴勒斯坦公民拒于门外。这种对公民生存权的公然侵犯持续至今，迄今为止，以色列非政府组织为改变种族隔离制度付出的所有努力均以彻底失败告终。

鉴于以色列对待两个巴勒斯坦群体——难民与以色列国内的巴勒斯坦群体——的态度，无论如何设想，以色列都难以被认定为一个民主国家。对这种声称最明显的质疑，则是以色列对第三类巴勒斯坦社群的残酷姿态：这些巴勒斯坦人自1967年起就活在以色列直接或间接的统治下，分别居住在东耶路撒冷、约旦河西岸与加沙地带。自战争开始以来便已施行的司法系统、军队在约旦河西岸和加沙地带不容置疑的绝对权力，到对数以百万计的巴勒斯坦人司空见惯的羞辱，何以称之为"民主国家"？

对于这项指控，以色列外交界与学界的主要回应，是声称这些措施只是暂时的——只要巴勒斯坦人"表现得好一点"，这些措施就会有所改变。然而，只要是任何对于占领区有研究的人，都会明白这些论点有多荒谬，更遑论那些居住在占领区的人们。

正如我们所见，以色列的决策者决定：只要犹太国家能保持完整，占领就会持续下去。对以色列政治系统而言，这是"现状"的一部分，而维持现状总是好过做出任何改变。以色列将会继续掌控巴勒斯坦的大部分地区，而这些地区永远会有大量的巴勒斯坦人，所以，这种控制只能通过非民主的手段达成。

尽管所有证据都指向反面，以色列仍持续声称他们进行的是"开明占领"。这里存在的迷思是，以色列抱持着善意实施仁慈的占领，但因为巴勒斯坦人的暴力，而被迫采取较为强硬的态度。1967年，以色列政府将约旦河西岸和加沙地带视为"以色列地"天然的一部分，这种态度仍然延续至今。当我们观察以色列左翼与右翼政党在这个议题上的辩论时，他们唯一的分歧点只在于如何实现这个目标，而非质疑这个说法的合理性。

而在更广大的公众之间，存在着或可称之为"救赎者"与"管理人"的真诚辩论。"救赎者"相信以色列已经重新回到古老家园的核心，没有它，这个国家未来就不能生存；相反地，"管理人"主张应该用这些土地换取和平，包含将西岸交付给约旦，以及将加沙地带交付给埃及。[12] 然而，公开辩论很少影响到主要的政策制定者对于占领区统治方式的判断。假想的"开明占领"最糟糕的部分，体现在政府对于领土的管理方式。这些区域最初被划分为"阿拉伯区"与潜在的"犹太区"，这些巴勒斯坦人口高度密集的阿拉伯区域后来成为自治区，并在军事统治下由当地的政府合作者管理。直到1981年，这些地方军事政府才被民政管理所取代。其他的"犹太区"则被犹太人定居点与军事基地所殖民。这项政策的目的在于让西岸与加沙地带处于"飞地"状态，既没有绿地空间，城市也不可能扩张。

情况在占领不久后更加恶化，犹太教教派"忠诚信仰集团"开始在西岸和加沙地带定居，宣称他们将遵循《圣经》的版图殖民，而非听从政府决策。他们渗入人口稠密的巴勒斯坦地区，留给当地人的居住空间进一步缩小。

任何殖民计划的第一需求都是土地。在被占领区，只有通过大规模的土地征用，将人民从他们定居了好几个世代的家园驱离，并将他们限制在生计艰难的飞地之中，才能实现殖民的目标。当你飞越约旦河西岸时，你可以清楚地看到推行这一政策在地图上的结果：将土地分割开来的定居点连成带状，巴勒斯坦被分割成小型、孤立和不相连的社区；定居点带将村庄与村庄、村庄与城镇分开，有时将一个村庄一分为二，学者们称此为"灾难地理学"。这些政策同时也是生态意义上的灾难：水源枯竭，巴勒斯坦景观中最美丽的部分被摧毁。犹太定居点更成了犹太极端主义不受控的温床，巴勒斯坦人是主要受害者。埃弗拉特（Efrat）的定居点破坏了伯利恒（Bethlehem）附近的瓦拉贾峡谷（Wallajah Valley），此地是联合国指定的世界自然遗产；定居点也破坏了临近拉玛拉（Ramallah）的贾夫纳村（Jafneh），使之失去了旅游景点的吸引力,这里曾因淡水运河而闻名。瓦拉贾和贾夫纳只是冰山一角,类似的案例达上百个。

拆毁房屋在巴勒斯坦并不是一种新现象。英国委任政府在1936年到1939年的阿拉伯大革命期间率先构想并采用了这一手段;以色列只是在1948年后使用了这种集体惩罚的方式,手法更加多样、更加野蛮。阿拉伯大革命是巴勒斯坦人对支持犹太复国主义的英国委任政府发起的第一次起义,英国军队耗费了三年的时间才平息。在这个过程中,军队拆毁了两千多间房屋,作为对当地居民的集体制裁。[13] 以色列自对西岸与加沙地带实施军事占领的第一天起,就开始拆毁房屋。军队每年为了应对个别家庭成员的反抗行为,都会炸毁数以百计的房屋。[14] 不论是对军事统治的轻微违反,还是参与反对占领的反叛行动,以色列政府都会快速地出动推土机扫平一切。这不只是摧毁物理意义上的建筑物,更摧毁了人们对生活与生存的信心。而在更广大的耶路撒冷地区(如同在以色列境内一样),拆毁房屋也是对违章建筑或是未缴罚款的惩罚。

最近以色列采用的集体制裁形式则是封锁房屋。想象一下,你家里所有的门窗都被水泥、砂浆和石头堵住,你回不了家、拿不回你未能及时取出的财物。笔者试着在历史书中寻找另外的例子,但没有任何证据显示其他地方曾经实行过如此冷酷的措施。

最终,在"开明占领"的统治之下,定居者被允许组成帮派，骚扰巴勒斯坦人民并毁坏他们的财产。历经多年后，这些帮派逐渐改变了他们的手法。20世纪80年代，这些帮派使用了真正的恐怖手段，包括伤害巴勒斯坦领导人（其中一人在帮派袭击中失去了双腿），以及考虑炸毁耶路撒冷谢里夫圣地（Haram al-Sharif）的清真寺。21世纪，定居者帮派每天都在骚扰巴勒斯坦人：拔除树木、摧毁农田，甚至随机朝他们的房屋和车辆射击。2000年以来，许多地区每月至少会有一百起类似的袭击事件见报。以希伯伦为例，在以色列军队的默许、配合下，五百名定居者对希伯伦当地居民进行了更凶残的袭击。[15]

从占领之始，巴勒斯坦人就只有两个选项：接受在以色列这座"巨型监狱"里永久监禁的现实，或者被中东地区最强大的军队持续威胁。当巴勒斯坦人奋起反抗时（如他们在1987年、2000年、2006年、2012年、2014年和2016年的行动），他们会被以色列的士兵和常规部队当作瞄准的目标。于是，村庄与城镇被视同"军事基地"炸毁；手无寸铁的平民被射杀，宛如他们是在战场上作战的一支军队。

今天，我们已经对《奥斯陆协议》签订前后被占领区的生活非常清楚，也就更不能接受"放弃抵抗就能减少压迫"的说法。未经审判先逮捕已经是多年来太多人经受的常态，成千上万的房屋被拆毁、杀伤手无寸铁的平民、排干水井——这些事实都证明了以色列是我们这个时代最严厉冷酷的政权之一。国际特赦组织

(Amnesty International)每年都会相当全面地记录占领的真实情况,接下来的文字摘自他们 2015 年的年度报告:

> 在包括东耶路撒冷在内的西岸,以色列军力非法杀戮包括儿童在内的巴勒斯坦平民,并拘留了数千名抗议或以其他方式反对以色列维持军事占领的巴勒斯坦人,还有数百人被处以行政拘留。酷刑与其他虐待手段仍然盛行,但施刑者却免于受罚。以色列当局持续在西岸地区推动非法定居,并且严重限制巴勒斯坦人的行动自由。十月以来,暴力事件持续升温,对于巴勒斯坦人的法律限制也随之强化,例如巴勒斯坦人在攻击了以色列平民后,遭到以色列军力明显的非法处决。以色列定居者在西岸攻击巴勒斯坦人并破坏他们的资产,这种行动实际上没有受到任何惩罚。加沙地带仍持续受到以色列的军事封锁,以作为对当地居民的集体制裁。以色列当局持续在西岸和以色列境内拆毁巴勒斯坦人的房屋;特别是在内盖夫沙漠的贝都因村庄,当地居民被强制驱离。[16]

我们大致将上述报告分成几个阶段来看。首先是"暗杀"——国际特赦组织称之为"非法杀戮":自 1967 年以来,大约有 15000 名巴勒斯坦人遭到以色列的非法杀戮,其中包括 2000 名儿童。[17] "开明占领"的另一个特点是未经审判直接监禁。在西岸与加沙地带,1/5 的巴勒斯坦人都曾有过这种经历。[18] 有意思的是,要是比较以色列的做法和美国过去与当前类似政策间的异同，会相当耐人寻味，"抵制、撤资和制裁运动"（Boycott, Divestment and Sanctions，BDS 起源于英国，是一场抵制以色列的全球性运动。——译者注）表示"美国的做法更糟糕"。事实上，美国最糟糕的例子是在"二战"期间未经审判监禁了 10 万名日本公民，后来还有 3 万人因所谓的"反恐战争"而被拘留。然而，这些数字和受到未审先关的巴勒斯坦人人数相比依旧相去甚远——其中包含非常幼小、年老以及被长期监禁的巴勒斯坦人。[19] 未审判先逮捕是一种痛苦的经历。作为囚犯，你不知道自己因什么罪名被指控，没办法与律师联系，更难以和家人联系。更残酷的是，逮捕通常是一种对人们施压、迫使人们配合的手段。散播谣言、羞辱人们所谓的或真实的性倾向，以此来威胁他人与己勾结。

关于酷刑，真实可信的"中东监察"网站（Middle East Monitor）发表了一篇令人悲痛的文章，描述了两百种以色列折磨巴勒斯坦人的方法。这份清单是以联合国与以色列人权组织布泽兰（B'Tselem）的报告为基础所撰写。[20] 除了殴打之外，以色列还将囚犯绑在门或椅子上长达数小时，朝他们倒冰水或热水、掰开他们的手指，或是扭他们的睾丸。

我们要质疑的不只是以色列宣扬的"维持开明占领"的主张，更要挑战其"民主国家"的假象。以色列对数以百万的被统治者的所作所为，证明这场政治骗局是一派谎言。虽然世界各地大多数公民社会都开始否认以色列是民主国家,但出于种种理由,很多政治精英仍将以色列视为民主俱乐部的成员。在许多方面,"抵制、撤资和制裁运动"的盛行,反映了这些团体对本国政府的以色列政策感到沮丧。

面对这些反驳声浪,大多数以色列人顶多认为"无关紧要",最糟的则认为"心怀不轨"。以色列仍然坚持自己是"仁慈占领者"的说法。以色列的犹太公民普遍认为,"开明占领"的意义,就是巴勒斯坦人在占领之下的生活"好多了",他们没有任何理由反对,更别说使用武力反抗了。如果你是以色列的海外支持者,对其不持批评态度,你多半也会接受这些假设。

不过,以色列社会中确实有一部分人赞同本书所提的这些主张。在20世纪90年代,有相当多的以色列学者、记者、艺术家,纷纷对以色列民主国家的性质表示了不同程度的怀疑。挑战自己身处的社会和国家建国的基本迷思需要一定程度的勇气。这也是不少人后来退出了这个勇敢的立场、重新顺从了政府的原因。然而,在20世纪的最后十年,学者和艺术家们创作了不少作品去挑战"以色列是个民主国家"的说法。他们将以色列描绘成另一种国家的样貌,也就是非民主国家。其中一位来自本-古里安大学的地理学者奥伦·伊夫塔求(Oren Yiftachel)就将以色列描绘成"一族统治政权"(ethnocracy),这是指管辖着共存的多个族群的国家,但在法律上与正式关系中对某个族群存在偏好。[21]

其他人则走得更远，将以色列打上了"种族隔离国家"或"定居者殖民国家"的标签。[22] 简而言之，不论这些抱着批判态度的学者是如何描述以色列的，都与"民主"毫不沾边。

第八章

奥斯陆神话

1993年9月13日,以色列和巴解组织在白宫草坪上签署了一项原则宣言,该宣言史称《奥斯陆协议》(*Oslo Accords*),签字仪式由比尔·克林顿总统主持。巴解组织领导人亚西尔·阿拉法特(Yasser Arafat)、以色列总理伊扎克·拉宾和以色列外长西蒙·佩雷斯(Shimon Peres)后来因这项协议获得诺贝尔和平奖。《奥斯陆协议》为1992年开始的漫长谈判画上了句号。在此之前,以色列一直拒绝与巴解组织直接商议约旦河西岸和加沙地带的命运,或对巴勒斯坦的总体情况或广泛议题进行直接谈判。历届以色列政府都倾向于与约旦谈判,但自20世纪80年代中期以来,他们允许巴解组织代表加入约旦代表团。

以色列改变立场,同意与巴解组织进行直接谈判有以下几个原因。首先是因为工党在1992年的选举中获胜(这是工党自

1977年以来首次胜选），新组建的政府比利库德集团领导的历届政府都对政治解决方案更感兴趣。新政府清楚，巴勒斯坦方面的每一项决定都会发回位于突尼斯的巴解组织总部，导致直接与当地巴勒斯坦领导人就自治问题进行谈判时，总是无法获得即时回应，因此直接与巴解组织沟通会更有效。

第二个原因与以色列对马德里和平倡议的担忧有关。马德里和平倡议是美国在第一次海湾战争后发起的一项大业，旨在把以色列、巴勒斯坦人和其他阿拉伯世界团结起来，寻找最佳的解决方案。1991年，老乔治·布什总统和他的国务卿威廉·贝克（William Baker）发起了这项倡议。两位政治家都坚称以色列是和平的阻碍，并向以色列政府施压，要求其停止定居点的建设，以便给"两国方案"制造机会。当时，以色列与美国的关系处于前所未有的低谷。以色列新政府也开始直接与巴解组织进行接触。1991年的马德里中东和会及在该会议支持下进行的和平行动，可能是美国在以色列撤军的基础上寻求西岸和加沙地带和平解决方案的第一次真正努力。以色列的政治精英们则希望让此计划胎死腹中，因而加以阻挠。他们更愿意提出自己的和平提案，并说服巴勒斯坦人接受。亚西尔·阿拉法特也对马德里方案感到不满，因为在他看来，由加沙领导人海达尔·阿卜杜勒－沙菲（Haidar Abdel-Shafi）和来自耶路撒冷的以费萨尔·侯赛尼（Faysal al-Husseini）为首的巴勒斯坦地方领导层在谈判中占尽先机，威胁到了他的领导地位和声望。

因此，在马德里和平倡议仍在继续的同时，位于突尼斯的巴解组织和耶路撒冷的以色列外交部开启了幕后谈判。他们找到了一个愿意担任调停人的机构法弗（Fafo），这是一家位于挪威奥斯陆的和平研究机构。双方最终在1993年8月公开会面，在美国的参与下最终敲定了《临时自治安排原则宣言》（DOP）。1993年9月，白宫草坪上演了一番装腔作势的表演，"原则宣言"一签署便被誉为"结束巴以冲突的里程碑"。

与奥斯陆进程相关的有两个迷思。第一个迷思是，这是一次真正的和平进程；第二个迷思是，作为反对以色列的恐怖行动，阿拉法特通过煽动第二次巴勒斯坦大起义蓄意破坏了这项进程。

第一个迷思诞生于1992年，当时双方都渴望达成一个解决方案。然而，这次努力失败了，很快就变成了一场互相甩锅的游戏。以色列强硬派将指责的矛头对准了巴勒斯坦领导层。在这波指控中，犹太复国主义出现了一个更微妙、肆意的版本，他们既怪罪阿拉法特，也认为以色列右翼势力责无旁贷，尤其是本雅明·内塔尼亚胡（Benjamin Netanyahu）造成了2004年巴解组织领袖身亡之后的政治僵局。无论就哪种情况而言，和平进程都被认为是真实存在的，尽管它最终失败了。然而，事情的真相其实更为复杂。这项协议的条款根本无法履行。关于阿拉法特拒绝遵守巴勒斯坦在《奥斯陆协议》中所作承诺的说法，经不起推敲，因为他无法履行根本无法兑现的承诺。例如，巴勒斯坦当局被要求充当以色列在被占领土上的安全警卫，并保证不会发生抵抗活动。更隐晦的是，人们期望阿拉法特能够毫无争议地接受以色列对该协议最终解决方案做出的解释。在 2000 年夏天的戴维营峰会上，当巴勒斯坦领导人正在与以色列总理埃胡德·巴拉克（Ehud Barak）和美国总统比尔·克林顿就最终协议进行谈判时，以色列人向巴解组织领导人提出了已成既定事实的己方诠释。

巴拉克要求建立一个非军事化的巴勒斯坦国，首都设在耶路撒冷附近的一个村庄阿布迪斯（Abu Dis），且其疆域不包括约旦河谷、大型犹太人定居区和大耶路撒冷地区等西岸地区。未来的巴勒斯坦不会拥有独立的经济和外交政策，只会在某些国内事务上拥有自治权（如管理教育系统、税收、市政、治安和当地基础设施的维护）。这一约定的正式确立标志着冲突的结束，并终止了巴勒斯坦人在未来提出任何要求的可能性（例如 1948 年巴勒斯坦难民的返回权）。

和平进程从一开始就好景不长。为了理解奥斯陆进程的失败，我们必须扩大分析的范围，并将这些事件与整个协议中悬而未决的两个原则联系起来。首先是地理或领土分割，其作为和平的唯一基础具有首要地位；第二个问题是拒绝巴勒斯坦难民的返回权，并将其排除在谈判桌的议题之外。

对土地进行物理分割被视为解决冲突的最佳方案，这一提议于 1937 年在英国皇家委员会的《皮尔报告》中首次出现。当时，犹太复国主义运动建议约旦——当时的外约旦应该吞并"巴勒斯坦的阿拉伯地区",但这一提议遭到了巴勒斯坦人的拒绝。[1] 这个提议后来在 1947 年 11 月的联合国分治决议中被看作最好的出路,因此被重新采纳。联合国任命了一个特别委员会试图寻找解决方案。委员会的成员们来自不同的国家,他们对巴勒斯坦兴趣寡淡或知之甚少。巴勒斯坦代表机构、阿拉伯高级委员会和阿拉伯联盟纷纷抵制联合国特别委员会,拒绝与之合作。这就为犹太复国主义外交官和领导层留下了一个真空,他们利用巴勒斯坦拒绝合作的机会,向委员会灌输了很多他们关于解决方案的想法。犹太复国主义者们建议在巴勒斯坦 80% 的土地上建立一个犹太国家,委员会将其面积降至 56%。[2] 埃及和约旦愿意承认以色列 1948 年对巴勒斯坦的占领是合法的,以换取与他们的双边协议(最终以色列与埃及的双边协议于 1979 年签署,与约旦的协议于 1994 年签署)。

1967 年后,在美国人主导的努力中,分治的想法以不同的名称和说法再次出现。它在新出现的讨论中是隐晦的:"以土地换和平",每一位和平谈判代表都将其视为一个神圣的公式——以色列撤出的领土越多,获得的和平也越多。现在,以色列可以撤出的领土是其 1948 年没有占领的那 20%。从本质上讲,当时的想法是,以色列将剩下的 20% 的土地与它认可的和平伙伴之间进行分割(20 世纪 80 年代末之前指的是约旦,此后则是巴勒斯坦人），并在此基础上建立和平。

因此，毫不奇怪，这成为贯穿奥斯陆进程一系列讨论的逻辑基石。然而，人们很容易忘记，在历史上，每次提出分治，随之而来的是更多的流血事件，理想中的和平从未实现。事实上，巴勒斯坦领导人从未要求过分治。它一直是犹太复国主义者以及后来的以色列的想法。此外，随着实力的增强，以色列人要求的领土比例也在增加。因此，随着分治的想法获得的全球支持与日俱增，在巴勒斯坦人看来这越来越像是以色列另一种形式的进攻战略。正是由于缺乏替代方案，巴勒斯坦各方才接受了谈判条款中这一系列的安排，两害相权取其轻。20世纪70年代初，法塔赫承认分治是实现全面解放的必要手段，但这并不是最终解决方案。[3]

因此，事实上，如果不是被施加了极端压力，世界上没有原住民会自愿将自己的家园分割给定居者，他们没有理由这样做。因此，我们应该承认，奥斯陆进程不是在公平、平等地追求和平，而是战败的殖民地人民无奈的妥协。因此，巴勒斯坦人是被迫寻求与他们的利益背道而驰、危及自身生存的解决办法。

奥斯陆谈判提出的"两国方案"也存在同样的争议。这个方案可以看作是另一种措辞包装下的分治。即使在这种情况下，辩论的措辞似乎有所不同，但以色列不仅能决定它将让出多少领土，还能决定未让渡领土的命运。虽然对全世界和一些巴勒斯坦人来说，对国家地位给予承诺最初被证明很有说服力，但这种承诺很快就变得空洞起来。尽管如此，撤出占领区和建国这两个相互交织的概念已成功地包装成1993年奥斯陆和平协议的一部分。然而，在白宫草坪上联合签名后的几周内，不祥之兆就已显现。到9月底，该协议中模糊的原则已经根据所谓的"奥斯陆二号协议"（Oslo II，或称《塔巴协议》）[4]的条款在当地转化为新的地缘政治现实。这不仅包括将西岸和加沙地带划分为"犹太人"区和"巴勒斯坦人"区，还包括将所有巴勒斯坦地区进一步划分为小的行政区或班图斯坦（类似南非的种族隔离制度——译者注）。1995年规划的和平地图近乎将成片的巴勒斯坦地区分割得支离破碎，用不少评论员的话来说，这些地区如同一块瑞士奶酪。[5]

一旦这个计划变得明确，谈判便迅速走向衰落。在2000年夏天的最后一次首脑会议举行之前，巴勒斯坦的活动人士、学者和政界人士就已经意识到，他们支持的和平进程并未让以色列从被占领土上撤军，也没有像承诺的那样让巴勒斯坦真正建国。装模作样的把戏被揭穿了，谈判戛然而止。随之而来的绝望成为2000年秋天第二次巴勒斯坦大起义爆发的导火索。

奥斯陆和平进程的失败并不只因为对"分治"原则的坚持。在最初的协议中，以色列承诺，当五年过渡期圆满结束时，将就最困扰巴勒斯坦人的三个问题——耶路撒冷、难民和犹太殖民地的命运——进行谈判。在这段过渡期内，巴勒斯坦人必须证明他们可以有效地充当以色列的安全警卫，防止发生任何针对犹太国家、军队、定居者和公民的游击或恐怖袭击。然而，与《奥斯陆临时自治安排原则宣言》中的承诺相反，当第一阶段的五年结束时，第二阶段没有启动，在这一阶段本应该讨论对巴勒斯坦人民更加重要的问题。内塔尼亚胡政府声称，第二阶段无法启动是因为巴勒斯坦人的"不当行为"（包括"在学校煽动"袭击，以及只轻微地谴责了那些针对士兵、定居者和公民的恐怖袭击）。然而，事实上，这一进程主要是由于以色列总理伊扎克·拉宾于1995年11月遇刺而陷入僵局。谋杀案发生后，以内塔尼亚胡为首的利库德集团在1996年的全国选举中获胜。这位以色列新总理对该协议的公开反对阻碍了谈判进程。即使美国人迫使他重启谈判，进展也极其缓慢，直到1999年埃胡德·巴拉克领导的工党重新掌权。巴拉克决心完成谈判进程，缔结最终的和平协议，这一念头得到了克林顿政府的全力支持。

2000年夏天，以色列在戴维营的讨论中提出了最终提议，倡议建立一个以阿布迪斯为首都的小型巴勒斯坦国，但不主张大规模地拆除任何定居点，难民也不能返回。在巴勒斯坦人拒绝这一提议后，以色列副外长约西·贝林（Yossi Beilin）非正式地提出了一项更合理的协议。在难民问题上，约西·贝林同意他们返回未来的巴勒斯坦国，并象征性地将他们遣返回以色列。但这些非正式条款未得到国家层面的批准。（由于被称为《巴勒斯坦文件》的关键文件被泄露，我们现在对谈判的性质有了更为深刻的了解，如果有读者想要调查有关2001年至2007年谈判进程的其他信息，建议查阅该文件。[6]）然而，随着谈判的破裂，指责的矛头没有指向以色列政客，反而对准了巴勒斯坦领导层，人们指责正是因为他们顽固不化才导致了奥斯陆协议的失败。这对参与的各方都是一种伤害，也降低了人们对"分治"前景的重视程度。

将巴勒斯坦人的返回权排除在议程之外，是《奥斯陆协议》并非和平进程的第二个证据。虽然分治原则将"巴勒斯坦"缩小到了西岸和加沙地带，但难民问题和以色列境内的巴勒斯坦少数派问题却被排除在外，致使"巴勒斯坦人"的数量被缩减到不足巴勒斯坦民族的一半。对难民问题缺乏关注并不是什么新鲜事。自从巴勒斯坦在后托管时代开启和平努力以来，难民一直是被镇压和无视的对象。继1949年4月的洛桑会议（关于1948年后的巴勒斯坦问题召开的第一次和平会议）以来，难民问题一直被排除在和平议程之外，也游离于"巴勒斯坦冲突"的概念之外。以色列参加这次会议只是因为这是它正式加入联合国的先决条件[7]，联合国还要求以色列签署一项协议，称为"五月议定书"（May Protocol），并承诺遵守第194号决议中的条款，其中包括无条件呼吁巴勒斯坦难民返回家园或给予赔偿。1949年5月，在议定书签署一天后，以色列成为联合国成员国，立即撤回了议定书中的承诺。

1967年6月的战争之后，全世界普遍接受了以色列的说法，即关于巴勒斯坦的冲突始于当年那场战争，本质上是一场关于西岸和加沙地带前景的斗争。一些阿拉伯政权也接受了这一概念，不再关注难民问题。然而，难民营很快成为政治、社会和文化活动密集爆发的场所。例如，巴勒斯坦解放运动就是在难民营重生的。只有联合国在几项决议中继续提及，国际社会有义务确保巴勒斯坦难民完全且无条件的回归，这个承诺首次提出还是在1948年的第194号决议中。时至今日，联合国仍设有一个名为"巴勒斯坦人民行使不可剥夺权利委员会"的机构，但它对和平进程几乎没有影响。

《奥斯陆协议》也不例外。在这份文件中，难民问题被隐藏在一个子条款中，湮没于大量的文字中。签署协议的巴勒斯坦方对这种模糊处理难辞其咎，他们或许是因为疏忽大意，而非故意为之，但结果是一样的。难民问题——巴勒斯坦冲突的核心，无论身在何处，这是所有巴勒斯坦人或是所有同情巴勒斯坦事业的人都会承认的现实——在奥斯陆文件中却被边缘化了。相反，这个问题被交给了一个短命的多边组织，该组织被要求关注1967年的难民，即那些在六月战争后被驱逐或离开的巴勒斯坦人。事实上，《奥斯陆协议》取代了1991年马德里和平进程中诞生的一项初步尝试，即成立一个多边组织，根据联合国大会第194号决议讨论难民问题。整个 1994 年，该组织由加拿大人领导，他们将巴勒斯坦人的返回权视为一个迷思，随后这个组织逐渐消失了。无论如何，在没有任何官方声明的情况下，该组织停止了会议，1967 年难民（30 多万人）的命运被弃之不顾了。[8]

1993 年后，《奥斯陆协议》的实施让事情变得更糟。协议要求巴勒斯坦领导人放弃难民回归权。因此，在"巴勒斯坦实体"族裔分化并转变为班图斯坦五年后，巴勒斯坦领导人才获准表达其希望处理难民问题的愿望，并将其作为永久解决巴勒斯坦问题谈判的一部分。然而，以色列国能够对讨论的话术进行界定，并选择将"难民问题"和"回归权"区别看待：一方面将"难民问题"的提出视为巴勒斯坦人具有正当性的不满情绪，另一方面也将巴勒斯坦方对"回归权"的要求视为对以色列的挑衅。

2000 年召开的戴维营峰会为挽救该协议进行了最后的努力，但难民问题并没有得到任何改善。2000 年 1 月，巴拉克政府提交了一份获得美国谈判代表支持的文件，确定了谈判的范围。这是以色列在发号施令，直至夏天召开峰会之前，巴勒斯坦方都未能提出反对意见。最后的"谈判"实质上是以色列和美国共同强迫巴勒斯坦人接受该文件，巴勒斯坦人的回归权遭到了绝对而明确的拒绝。这为有多少难民可以返回巴勒斯坦民族权力机构控制下的领土留下了讨论的空间，尽管有关各方都知道，这些拥挤的地区已无法容纳更多的人了，而在以色列和巴勒斯坦以外的地区还有足够的空间。这部分讨论是一种毫无意义的姿态，只是为了压制批评的声音，没有提供真正的解决方案。

因此，20世纪90年代所谓的和平进程根本不存在。坚持"分治"和将难民问题排除在议程之外，使得奥斯陆进程充其量只是一次军事上的重新部署，以及以色列对西岸和加沙地带控制权的重新约定。最糟糕的是，它开创了一个新的控制体系，让被占领土上巴勒斯坦人的生活雪上加霜。

1995年后，人们痛苦地意识到《奥斯陆协议》的影响，它没有带来和平，反而成了摧毁巴勒斯坦社会的一个因素。在拉宾遇刺和1996年内塔尼亚胡当选之后，该协议成了一种关于和平的高谈阔论，严重脱离现实。在1996年至1999年谈判期间，以色列建造了更多的定居点，巴勒斯坦人受到了更多的集体制裁。即使你对1999年的"两国方案"深信不疑，当你去约旦河西岸或加沙地带转一圈，以色列学者梅隆·本维尼斯蒂（Meron Benvenisti）的话也会令你信服，他写道，以色列在当地造成了不可逆转的事实："两国方案"被以色列扼杀了。[9]由于奥斯陆进程并非真正的和平进程，巴勒斯坦人参与其中，但是不愿继续这一进程，并不是他们所谓的不妥协和暴力政治文化的表现，而是在这场旨在巩固和加深以色列对被占领土控制权的外交伪装前自然的反应。

这就引出了关于奥斯陆进程的第二个迷思：阿拉法特的不妥

协导致了2000年戴维营峰会的失败。在此必须回答两个问题。首先，2000年夏天在戴维营发生了什么——谁应对峰会的失败负责？第二，谁应对第二次巴勒斯坦大起义的暴力事件负责？这两个问题将有助于我们直面这样一个共同的假设，即阿拉法特是一个好战分子，他之所以前往戴维营就是为了破坏和平进程，并在返回巴勒斯坦后决意发动一场新的暴动。

在回答这些问题之前，我们应该重提阿拉法特前往戴维营时，占领区内的实况如何。我的主要论点是阿拉法特来到戴维营是为了扭转现状，而以色列人和美国人抵达之时则决心维持现状。奥斯陆进程让占领区内灾难重生，这意味着在协议签署后，巴勒斯坦人的生活质量比以前还要糟糕。早在1994年，拉宾政府就迫使阿拉法特接受他们对协议如何在当地施行的解释。约旦河西岸被划分为臭名昭著的A区、B区和C区。C区面积占西岸的一半，直接由以色列控制。这些区域之间或内部的迁移几乎是禁止的，西岸与加沙地带的联系被切断。加沙地带也被划分为巴勒斯坦人居住区和犹太人定居点，后者掌控了大部分水资源，居住在用铁丝网围起来的封闭社区里。因此，这一所谓的和平进程导致了巴勒斯坦人的生活质量恶化。

这是阿拉法特在2000年夏天抵达戴维营时面临的现实。他被要求签署一项最终解决方案，当场敲定不可逆转的事实，将"两国方案"的想法变成了一种约定：最好的状况下，只允许巴勒斯坦人成立两个小规模的班图斯坦，而在最坏的状况下，还得允许以色列吞并更多领土。该协议还迫使阿拉法特放弃巴勒斯坦在未来提出任何要求的权力，放弃为大多数巴勒斯坦人纾解日常的苦难。

我们从美国国务院的侯赛因·阿加（Hussein Agha）和罗伯特·马利（Robert Malley）那里得到了一份关于戴维营事件真实可靠的报告。[10] 他们详细的报告发表在《纽约书评》上，首先便驳斥了以色列关于阿拉法特破坏了峰会的说法。文章指出，阿拉法特的主要问题是：自《奥斯陆协议》签订以来的几年间，占领区内巴勒斯坦人的生活变得更糟了。根据这两位美国官员的说法，阿拉法特曾相当合理地提出建议，即与其在两周内"为了一劳永逸地结束冲突"而草草结束峰会，以色列应同意采取某些措施，让巴勒斯坦人对和平进程的价值和益处重燃信心。顺便说一句，两周的时间并不是以色列人的要求，而是比尔·克林顿坚持的一个愚蠢时限，他考虑的是自己的政绩。

阿拉法特表示，在可行的讨论范围里有两个主要提案。如果能被采纳，现状或许能够改善。第一个是降低奥斯陆和谈后对西岸不断加强的密集殖民计划。第二个是结束对普通巴勒斯坦人日常生活施加的残暴行为，包括对行动的严格限制、频繁的集体惩罚、未经审判的逮捕，以及在检查站的不断羞辱。在以色列军队或民政管理局（管理领土的机构）与当地居民接触的每一个地方,这些事情都发生过。

根据美国官员的证词,巴拉克拒绝改变以色列对犹太人殖民地的政策和对待巴勒斯坦人的日常暴虐行为。他采取的强硬立场让阿拉法特别无选择。如果巴拉克不能承诺立即改变当地的现状,那么他提出的任何最终解决方案都没什么意义。不出所料,阿拉法特被以色列及其盟友指责为战争贩子,从戴维营返回后便立即怂恿了巴勒斯坦人发动第二次大起义。此处的谬论是,第二次巴勒斯坦大起义是阿拉法特发动甚至策划的一场恐怖袭击。事实是,这是由于《奥斯陆协议》出卖了巴勒斯坦人民,带来了不满情绪,从而引发了一场大规模示威,以色列总理阿里埃勒·沙龙的挑衅行为使问题进一步恶化。2000年9月,沙龙作为反对党领袖,带着大批安保人员和媒体在圣殿山的谢里夫圣地招摇巡回,引发了大规模抗议。

巴勒斯坦人最初以非暴力示威活动表达愤怒情绪,却遭到了以色列的残酷镇压。这种无情的镇压导致了更加绝望的回应——自杀式炸弹袭击者,他们似乎是在面对中东地区最强大的军事力量时诉诸的最后手段。以色列的报社记者们提供了有力的证据,表明关于巴勒斯坦大起义初始阶段的报道——被以色列军队镇压的非暴力运动是如何被编辑们搁置了,只为了符合政府的叙事。其中一位是以色列主要的日报《新消息报》(*Yeidot Ahronoth*)的副主编,此人写书揭露了第二次巴勒斯坦大起义初期以色列媒体炮制的假消息。[11] 以色列宣传人员声称，巴勒斯坦人的行为只是证实了以色列资深超级外交官阿巴·埃班的名言，即巴勒斯坦人不会错过错失和平的机会。

今天，我们可以更好地理解是什么引发了以色列的愤怒回应。在《回旋镖》(*Boomerang*)一书中，两名以色列高级记者奥费尔·谢拉（Ofer Shelah）和拉维夫·德鲁克（Raviv Drucker）采访了以色列国防部总参谋长和战略学者，为我们提供了这些官员是如何思考这一问题的内幕信息。[12] 两位记者的结论是：2000年夏天，以色列军队在黎巴嫩被真主党羞辱性地击败后士气大减。人们担心这次失败会显得军力薄弱，有必要进行军事演习。重申他们在占领区的主导地位，正是"无敌"以色列军队所需要的那种纯粹权力的展示。军队按照命令，全力反击。2002年4月，内塔尼亚海上度假胜地的一家酒店遭受恐怖袭击，以色列进行了报复，首次使用飞机轰炸西岸密集的巴勒斯坦城镇和难民营（造成30人死亡）。最致命的重型武器不是被以色列用来追捕袭击者，却被用来对付无辜的平民。

戴维营谈判失利后，以色列和美国玩起了甩锅游戏，以美常用一个说法提醒公众舆论：巴勒斯坦领导人长期存在一个问题，就是他们总会在关键时刻暴露出好战的作风。"巴勒斯坦方面没有人可以沟通"的说法在那个时期再次浮现，这是以色列、欧洲和美国的专家和评论员们共同的分析。这些指控尤为损人利己。

以色列政府和军队曾试图以武力强制推行自己心目中的《奥斯陆协议》——取得巴勒斯坦人的同意,永久占领巴勒斯坦——就算阿拉法特再怎么疲软懦弱,这也是无法接受的。他和其他许多本可以带领人民实现和解的领导人,却成为以色列人袭击的目标,大部分领导人(可能包括阿拉法特本人)都遭遇过暗杀。有针对性地杀害巴勒斯坦领导人,包括温和派领导人,这类事件在冲突中并不新鲜。以色列于1972年便开始实施这一政策,那年诗人兼作家加桑·卡那法尼(Ghassan Kanafani)被暗杀,而他本来可以带领巴勒斯坦人民与以色列实现和解。这位世俗左派倡议者成为袭击目标的事实具有象征性:以色列先是杀害巴勒斯坦人,之后又对巴勒斯坦人不能成为和平伙伴而感到"遗憾",这就是以色列扮演的角色。

2001年5月,小布什总统任命参议员罗伯特·米切尔(Robert Mitchell)为中东特使。米切尔撰写了一份报告,阐述了第二次巴勒斯坦大起义的原因,判定"我们没有依据得出这种结论:巴勒斯坦民族权力机构蓄谋已久,一有机会就发动暴力活动;或者得出这种结论:(以色列政府)蓄谋已久,要以致命的武力去回击"。[13] 另一方面,他指责了阿里埃勒·沙龙的挑衅行为,认为他侵犯了阿克萨清真寺和伊斯兰圣地的神圣性,挑起了动乱。

简而言之,就连权力被削弱的阿拉法特也意识到,2000年以色列对《奥斯陆协议》的解读，意味着巴勒斯坦人过上正常生活的希望破灭了，巴勒斯坦人民的未来也注定更加水深火热。在阿拉法特看来，这般田地不仅在道义上是错误的，而且会增强那些认为与以色列进行武装斗争是解放巴勒斯坦唯一途径的人的力量。在每一个时间节点上，以色列本来都可以阻止第二次巴勒斯坦大起义的爆发，但他们的军队却需要一场"成功"的表演；直到2002年，通过野蛮的"防御盾牌"（Defensive Shield）行动和建造起臭名昭著的"种族隔离墙"，以色列才暂时成功地平息了巴勒斯坦人的起义。

第九章

加沙神话

在国际舆论中，巴勒斯坦问题与加沙地带密切相关。在全世界看来，自2006年以色列首次袭击加沙地带以来，直到2014年对居住在那里的180万巴勒斯坦人实施轰炸，这一区域发生的事情已经成了巴勒斯坦问题的缩影。在本章中，笔者将介绍三个误导大众的迷思，这导致人们对加沙如今的暴力事件产生误解。巴勒斯坦人民被塞入世界上人口最稠密的一块土地饱受苦难，这三个迷思同时也解释了为何任何想要结束他们的苦难的人都会感到无助。

第一个迷思指的是加沙地带的主要角色之一：哈马斯运动（Hamas movement）。其名源于"伊斯兰抵抗运动"的阿拉伯语首字母缩写，字面意思是"热情"。哈马斯脱胎于20世纪80年代后期埃及的宗教激进主义运动的一个地方分支——穆斯林兄弟会（Muslim Brotherhood）。哈马斯最初是一个慈善和教育组织，但在1987年第一次巴勒斯坦大起义期间转型为一场政治运动。第二年，哈马斯发表了一份宪章，声称只有实施伊斯兰政治教条方能解放巴勒斯坦。但哈马斯从未完整解释或者论证过这些教义应该如何实施，或者这些教义真正的含义。从成立至今，哈马斯一直在与西方世界、以色列、巴勒斯坦民族权力机构和埃及进行生存斗争。

当哈马斯在20世纪80年代末崭露头角时，其在加沙地带的主要对手是法塔赫运动，法塔赫是巴解组织的主要组织和创立者。在参与了《奥斯陆协议》的相关谈判并成立巴勒斯坦民族权力机构（因此巴解组织主席也兼任巴勒斯坦民族权力机构主席和法塔赫领导人）之后，法塔赫就失去了巴勒斯坦人民的一些支持。法塔赫是一个带着强烈左翼色彩的世俗派民族主义运动，受到20世纪50年代和60年代第三世界解放思想的启发，本质上仍然致力于在巴勒斯坦为全体人民建立一个民主而世俗的国家。然而，从战略上讲，法塔赫自20世纪70年代以来一直支持"两国方案"。哈马斯乐于见到以色列从所有占领区全面撤军，并且也愿意在议定任何未来的解决方案之前休战十年。

哈马斯基于三点质疑了法塔赫：其亲奥斯陆的政策、对社会和经济福祉的缺乏关注以及他们未能结束以色列的占领。2000年中期，哈马斯决定以政党身份参加市政和全国选举，使得它对法塔赫的挑战变得更加值得关注。哈马斯凭借其在 2000 年的第二次大起义中发挥的突出作用，提高了自己在约旦河西岸和加沙地带的声望。在那次起义中，哈马斯成员自愿成为人体炸弹，或至少在抵抗以色列占领的运动中发挥了更积极的作用［应该指出的是，在第二次大起义期间，法塔赫的年轻成员们也表现出了同样的坚韧和决心，他们最具代表性的领导人之一马尔万·巴尔古提（Marwan Barghouti）也因参与了起义，仍在以色列服刑］。

2004 年 11 月，亚西尔·阿拉法特去世，由此造成了领导层的政治真空，巴勒斯坦民族权力机构依据自己的宪法不得不举行主席选举。哈马斯抵制了这些选举，声称这些选举与奥斯陆进程的关系过于密切，并非那么民主。然而，在同一年，即 2005 年，哈马斯参加了市政选举，因其不俗的成绩赢得了被占领土上三分之一以上的地方行政单位的管理权。2006 年，哈马斯又凭借在议会选举，也就是所谓的巴勒斯坦民族权力机构立法委员会的选举中更为亮眼的表现，获得了令人满意的多数席位，因此有权组建政府——但好景不长，随后哈马斯便与法塔赫和以色列发生了冲突。在接下来的斗争中，哈马斯从约旦河西岸的官方政权中被驱逐出去，但他们占领了加沙地带。哈马斯不接受《奥斯陆协议》，拒绝承认以色列，以及他们对武装斗争的坚持，构成了我探究的第一个迷思的背景。哈马斯在媒体和立法上都被定性为恐怖组织。但我的主张是，哈马斯是一场解放运动，而且是一场合法的运动。

我研究的第二个迷思与以色列的决策有关，该决策在加沙地带造成了真空，使哈马斯不仅赢得了2006年立法委员会的选举，而且在同一年以武力推翻了法塔赫。但是，就在2005年，以色列在占领加沙近40年后单方面撤军了。第二个迷思是，这次撤军体现的是一种和平或和解的姿态，但这种姿态得到的回报却是敌对和暴力。我在本章中会对以色列做出该决策的重要缘由进行讨论，并仔细审视这个决策对加沙的后续影响。事实上，我认为，这一决策是一项战略的一部分，战略目的是加强以色列对西岸的控制，并将加沙地带变成一座可以从外部守卫和监控的巨型监狱。以色列不仅从加沙地带撤出了军队和情报部门，而且非常痛苦地撤出了政府自1969年以来派往那里的数千名犹太定居者。因此，我主张将这一撤军决策视为和平姿态是无稽之谈。这更像是一种战略部署，使得以色列能够对哈马斯在大选中的胜利做出强硬的回应，也给加沙人民带去了灾难性的后果。

实际上，我所要审视的第三个也是最后一个迷思是，以色列声称其自2006年以来的行动是反恐自卫战争的一部分。正如我在别处所言，我将以色列的行动大胆地称为是对加沙人民实施的渐进式的种族灭绝。

哈马斯是一个恐怖组织

哈马斯在2006年的大选中获胜,这在以色列引发了一股仇视伊斯兰的浪潮。从这一刻起,巴勒斯坦人被妖魔化为令人憎恶的"阿拉伯人",随着他们被贴上了"穆斯林狂热分子"的新标签,对巴勒斯坦人妖魔化的程度加剧了。仇恨的语言伴随着一些激进的反巴勒斯坦新政的实施,令占领区悲惨和恶劣的状态雪上加霜。

以色列历史上曾爆发过数次仇视伊斯兰的活动。第一次是在20世纪80年代末,当时在一个15万人的社区中,40名巴勒斯坦工人参与了针对犹太雇主和路人的刺杀事件。在袭击事件发生后,以色列学者、记者和政界人士将刺杀事件与伊斯兰宗教和文化联系在一起,丝毫没有提及以色列的占领以及在占领区周边发展起来的有如奴隶买卖般的劳动力市场。[1] 2000年10月第二次巴勒斯坦大起义期间,更为严重的仇视伊斯兰的浪潮爆发了。由于这波武装起义主要是由伊斯兰组织发起,尤其是自杀式炸弹袭击者——因此对于以色列政治精英和媒体而言,要在许多以色列人眼中妖魔化"伊斯兰"势必简单得多。[2] 2006年,哈马斯在巴勒斯坦国会大选中获胜,第三波仇视伊斯兰的浪潮开始了。三波浪潮有一个相同的特征,即都简单地认为与穆斯林相关的事物都与暴力、恐怖和非人道行为有关。

正如我在《以色列理念》(The Idea of Israel)一书中所写的那样，1948年至1982年，巴勒斯坦人被妖魔化为纳粹。[3]"纳粹化"巴勒斯坦人的过程现在也同样被应用在伊斯兰信仰上，特别是以其名义从事活动的活跃分子。只要哈马斯及其姐妹组织伊斯兰圣战组织(Islamic Jihad)还在从事军事、游击和恐怖活动，这种妖魔化的做法就会一直存在。事实上，以色列极端主义的言论抹杀了巴勒斯坦"伊斯兰政治运动"丰富的历史，也抹去了哈马斯自成立以来便致力于从事的各项社会和文化活动。

采取更为中立的立场去分析便能证明，把哈马斯妖魔化为一群心狠手辣的极端狂热分子是多么牵强。[4]与其他伊斯兰政治运动一样，哈马斯运动反映了当地人民对严酷的占领现状的一种复杂反应，也是当地人民对过去世俗派和社会主义派巴勒斯坦势力带领的迷途做出的回应。与以色列、美国和欧洲政府不同，只要对当时的局势采取更深入的分析视角，就不会对哈马斯在2006年选举中获胜感到意外。讽刺的是，恰恰是专家们和东方学家对选举结果的讶异程度超过了其他所有人，遑论以色列政界人士和情报部门的领导们了。尤其令以色列那些研究伊斯兰问题的伟大专家瞠目结舌的是哈马斯大胜的民主性质。在他们看来，狂热的穆斯林一定既不民主也没有人气。这些专家对历史也有着类似的误解。自从"政治伊斯兰"在伊朗和阿拉伯世界兴起以来，以色列的专家群体一直表现得仿佛正在他们眼前上演的是不可能发生的事情。

长期以来，以色列对巴勒斯坦人的看法，尤其是对巴勒斯坦境内伊斯兰政治势力的看法一直存在误解，因此他们的判断出现失误也就很正常了。1976年，第一届拉宾政府允许约旦河西岸和加沙地带举行自治区选举。他们错误地认为亲约旦的老政客将在西岸当选，而加沙地带将会青睐亲埃及派。但压倒性的多数选民把票投给了巴解组织候选人。[5] 这让以色列人感到惊讶，但他们本不应该意外。毕竟，巴解组织权力和声望的扩张离不开以色列的"同心协力"，无论是在难民营还是在占领区内，以色列都想要遏制和泯灭巴勒斯坦社会中的世俗派和社会主义派政治运动。事实上，哈马斯成为当地政局一个重要的参与者，部分原因是得益于以色列鼓励在加沙地带建设伊斯兰教育基础设施的政策，以此来削弱世俗派法塔赫运动在当地居民中的影响力。

2009年，阿夫纳·科恩（Avner Cohen）告诉《华尔街日报》："我得深感遗憾地说，哈马斯是以色列自己一手制造出来的。"[6] 科恩于20世纪80年代末哈马斯开始掌权时曾在加沙地带服役，同时负责占领区内的宗教事务。科恩解释了以色列是如何帮助"Mujama al-Islamiya"［伊斯兰协会，谢赫·艾哈迈德·亚辛（Sheikh Ahmed Yassin）于1979年创立的慈善机构］成为一股强大的政治运动势力的，哈马斯运动于1987年从这一组织脱胎成立。亚辛是一位四肢瘫痪、半失明的伊斯兰神职人员，他是哈马斯的创始人和精神领袖，于 2004 年被暗杀。以色列最初向他提供了帮助，并承诺允许其慈善组织扩张。以色列人希望，通过亚辛这位魅力超凡的领导人及其慈善和教育工作，能够牵制加沙地带内外世俗法塔赫运动的势力。值得注意的是，在 20 世纪 70 年代末，与美国和英国不同，以色列将世俗派民族主义运动视为西方世界最糟糕的敌人（今天他们却为这些运动不复存在而叹息）。

以色列记者什洛米·埃尔达尔（Shlomi Eldar）在其《了解哈马斯》（*To Know the Hamas*）一书中，也对亚辛与以色列之间的紧密联系讲述了大致相同的故事。[7] 在以色列的许可和支持下，"伊斯兰协会"于 1979 年开办了一所大学、一套独立的学校系统以及由俱乐部和清真寺组成的网络。2014 年，《华盛顿邮报》就以色列与"伊斯兰协会"在 1988 年转型为哈马斯之前的密切关系，自己得出了一套非常相似的结论。[8] 1993 年，哈马斯成为《奥斯陆协议》的主要反对者。在《奥斯陆协议》仍有支持者时，哈马斯的声望有所下降；然而，随着以色列开始背弃其在谈判期间做出的几乎所有承诺，尤其是以色列的定居点政策及其对占领区里的平民过度使用武力，导致大众对哈马斯的支持又再次攀升。

但哈马斯在巴勒斯坦人民中的受欢迎程度，并不仅仅取决于《奥斯陆协议》的成败。由于世俗派的现代作风未能解决占领区内的日常生活困苦，哈马斯也俘获了许多穆斯林（人数在占领区占多数）的青睐。与阿拉伯世界其他的伊斯兰政治团体一样，世俗派运动未能提供就业机会、社会福利和经济保障，这迫使许多人转而寻求宗教力量，宗教不仅提供了慰藉，也建立了慈善机构和团结信徒的网络。整体来说，中东与世界各地一样，现代化和世俗化只让少数人受益，却让许多人处于不幸、贫穷和痛苦中。宗教似乎是灵丹妙药，有时甚至成为一种政治选择。

阿拉法特还在世的时候，哈马斯拼尽全力才赢得大部分公众的支持，但 2004 年，阿拉法特之死造成了一个一时无法填补的权力真空。阿拉法特的继任者马哈茂德·阿巴斯（Mahmoud Abbas，又名阿布·马赞）享有的正当性和尊重均逊于前任。事实上，以色列和西方国家剥夺了阿拉法特的合法性，却接受阿巴斯作为巴勒斯坦总统的身份，这降低了他在年青一代、欠发达的农村地区和贫穷的难民营中的声望。在第二次巴勒斯坦大起义期间，以色列采取了新的压迫手段——特别是修建隔离墙、设置路障和针对特定人士发动暗杀，这进一步削弱了人们对巴勒斯坦民族权力机构的支持，从而提高了哈马斯的知名度和威望。因此，做出这样的结论并不过分：历届以色列政府都不遗余力让巴勒斯坦人别无选择，逼得他们只能信任并投票支持哈马斯，因为哈马斯早已蓄势待发，准备抵抗以色列的占领行为。美国著名作家迈克尔·夏邦（Michael Chabon）曾如此形容以色列的占领：是

"我一生中见过的最使人痛心的不公正"。[9]

无论在体制内外,大多数的以色列巴勒斯坦事务"专家"对哈马斯崛起的唯一解释都引用了塞缪尔·亨廷顿(Samuel Huntington)在新保守主义框架下为理解历史运作所提出的"文明的冲突"理论。亨廷顿将世界分为理性和非理性两种文化,他认为这两种文化会不可避免地发生冲突。巴勒斯坦人将支持票投给了哈马斯,像是在证明他们站在了历史上的"非理性"一边——鉴于他们的宗教和文化,他们会持这种立场也无可厚非。本雅明·内塔尼亚胡在谈到分隔两个民族的文化和道德鸿沟时,用了更加露骨的措辞。[10]

巴勒斯坦的一些团体和个人,因为许下要与以色列谈判的承诺而名声大噪,但他们很明显失败了,这清楚地表明人们似乎没有其他更多的选择。这种情况下,伊斯兰激进组织在将以色列人赶出加沙地带方面取得的显著成功,则让人觉得希望尚存。然而,个中意义不止于此。哈马斯已然深深地植根于巴勒斯坦社会,这是因为它真诚地尝试通过提供教育、医疗和福利来减轻普通民众的痛苦。同等重要的是,哈马斯对1948年难民返回权的立场清晰明确、毫不含糊,这与巴勒斯坦民族权力机构的立场截然不同。哈马斯公开支持这一权利,而巴勒斯坦民族权力机构的态度却模棱两可,阿巴斯就在一次讲话中漠视了自己返回家乡采法特的权利。

以色列的脱离接触是一种和平行为

加沙地带占巴勒斯坦陆地面积的 2% 多一点。这一微小的细节在涉及加沙的新闻中从未被提及，在 2014 年夏天西方媒体对加沙戏剧性事件的报道中也从未被提及。事实上，这个地区是如此渺小，过去从未作为一个独立的区域而存在。在 1948 年巴勒斯坦被犹太化之前，加沙的历史与巴勒斯坦其他地区相比并没有什么独特或不同之处，在行政和政治上一直与其他地区联系在一起。作为巴勒斯坦通往世界的主要陆上和海上门户之一，加沙往往能发展出一种与现代地中海东部的其他门户社会相同的社会形态，更加灵活和国际化。加沙地带沿海，又位于埃及到黎巴嫩的沿海大道（Via Maris）上，这种地理优势为当地带来了繁荣与稳定。直到 1948 年，对巴勒斯坦的种族清洗将这种繁荣与稳定破坏殆尽。

加沙地带的定义是在 1948 年战争的末期被创造出来的。以色列军队将数十万巴勒斯坦人从雅法市及其南部地区驱赶到 Bir-Saba 镇（今天的别是巴，Beersheba），这便是所谓的加沙地带。直到 1950 年，在种族清洗的最后阶段，又有一些巴勒斯坦人从马吉达勒（Majdal，又称阿什凯隆，Ashkelon）等城镇被驱逐到这里。如此一来，巴勒斯坦的这一小片牧区变成了地球上最大的难民营。直到今天，这种状况依然没有改变。1948 年至 1967 年间，以色列和埃及按照各自的政策给这个巨大的难民营划定边界，且严格监管。这两个国家不允许任何人离开加沙地带，因此，在居民人数翻倍后，人们的生活条件变得越来越恶劣。在1967年以色列占领加沙地带前夕，这种强制人口结构转型的灾难性本质已经显而易见。20年间，巴勒斯坦南部这片曾经的滨海牧区变成了世界上人口最稠密的地区之一，更缺少经济和就业基础设施的支撑。

在被占领的头20年中，尽管加沙地带有围栏封锁，但以色列允许居民在地区外从事某些活动。数以万计的巴勒斯坦人获准以低技术低薪劳工的身份进入以色列劳动力市场。为此，以色列要求巴勒斯坦人彻底屈从。如果不能遵守，工人就没法自由行动。在1993年《奥斯陆协议》签署之前，以色列试图将加沙地带塑造成一块飞地，然而和平阵营却希望加沙要么自治，要么成为埃及的领地。与此同时，民族主义右翼阵营希望将加沙纳入他们梦想建立的"以色列地"，不让巴勒斯坦涉足。

《奥斯陆协议》使以色列人得以重申加沙地带作为一个独立的地缘政治实体的地位——不仅脱离于巴勒斯坦整体之外，更独立于约旦河西岸之外。表面上看，加沙地带和西岸都处在巴勒斯坦民族权力机构的控制下，但两地之间任何的人员流动，都取决于以色列是否心存善意。在当时的形势下，这种流动很罕见，在内塔尼亚胡1996年上台后，人员流动几乎消失了。与此同时，以色列控制着当地的水电基础设施，并一直延续至今。自1993

年以来，以色列一方面利用这种控制确保犹太定居者社区的生活安逸，另一方面则以此强迫巴勒斯坦人民屈服。在过去的50年里，加沙地带的人们不得不做出选择：在一个完全不适合人类居住的空间里，是选择做战俘、人质，还是囚犯。

我们应该在这种历史背景下去审视2006年以来以色列和哈马斯之间的暴力冲突。有鉴于此，我们应当拒绝承认以色列是在进行"反恐战争"或"自卫战争"。我们也不应该将哈马斯当作基地组织的下线、"伊斯兰国"网络的一部分，或仅仅是伊朗控制该地区具有煽动性阴谋的一颗棋子。如果说哈马斯在加沙的存在有什么丑陋的一面，那就是该组织早期（2005—2007）针对其他巴勒斯坦派别发起了反对行动。其中，最主要的是在加沙地带与法塔赫的冲突，当时双方之间的摩擦，最终爆发为一场公开的内战。2006年哈马斯赢得立法选举并组建政府后，冲突爆发：当时的政府中有一名负责安防的哈马斯部长。为了削弱哈马斯，阿巴斯总统将负责安防的重任转交给了巴勒斯坦情报机构主管——一名法塔赫成员。作为回应，哈马斯在加沙地带建立了自己的安防部队。

2006年12月，总统卫队和哈马斯的安防部队在拉法赫（Rafah）口岸发生暴力对抗，引发了一场一直持续到2007年夏天的对峙。总统卫队是法塔赫的一个军事组织，由3000名效忠于阿巴斯总统的精锐士兵组成，曾经接受过美国驻埃及和约旦的顾问的培训（华盛顿拨款近6000万美元用于这支部队的维护）。这场冲突的起因是以色列拒绝让哈马斯的总理伊斯梅尔·哈尼亚（Ismail Haniyeh）进入加沙地带——据报道，哈尼亚当时携带着从阿拉伯世界筹集的数千万美元的现金。哈马斯部队随后突袭了由总统卫队把守的边境控制区，战斗爆发了。[11]

在此之后，局势迅速恶化。哈尼亚乘坐的轿车在进入加沙地带后遭到袭击。哈马斯指责法塔赫发动了袭击。加沙地带和西岸随后也爆发了几场冲突。同一个月内，巴勒斯坦民族权力机构决定推翻哈马斯领导的政府，成立紧急内阁取而代之。这引发了双方最为严重的冲突，并一直持续到2007年5月底，冲突造成数百人死亡，多人受伤（估计有120人死亡）。直到巴勒斯坦政府一分为二，冲突才结束：一个政府在拉马拉，另一个则在加沙。[12]

虽然双方都应对这场大屠杀负责，但也有一个外部因素导致了法塔赫与哈马斯的对峙（正如我们从2007年被泄露给半岛电视台的巴勒斯坦文件中得知的）。早在2004年，英国情报局军情六处就向法塔赫建议，一旦以色列撤军，就先发制人，抢占哈马斯的阵地。为此，军情六处制订了一项安防计划，旨在"通过削弱拒绝派（后来在文件中称之为哈马斯）的能力……鼓励并使巴勒斯坦民族权力机构充分履行其安防义务"。[13]时任英国首相托尼·布莱尔（Tony Blair）对巴勒斯坦问题特别感兴趣，他希望借此洗白或赦免他在伊拉克战争中造成灾难的冒险行为。《卫报》

认为他是在鼓励法塔赫打击哈马斯。[14] 为了阻止哈马斯接管加沙地带,以色列和美国也向法塔赫提了类似的建议。然而,情势变得混乱起来,这项先发制人的计划在许多方面反而适得其反。

在一定程度上,这是民主选举产生的政客与那些仍然难以接受公众裁决的政客之间的斗争。但这并不是故事的全貌。在加沙上演的是美国和以色列在巴勒斯坦的代理人(主要是法塔赫和巴勒斯坦民族权力机构成员,他们中的大多数人都是无意中成为代理人的,但他们仍然按照以色列的意思行事)与他们的反对者之间的斗争。后来,哈马斯打击其他派系的作风,招致了巴勒斯坦民族权力机构在约旦河西岸对他们的反击。人们很难对双方的任何一种行为表示谅解或喝彩。尽管如此,我们完全可以理解为什么世俗派巴勒斯坦人会反对建立一个神权政体,就像在中东许多其他地区一样,关于宗教和传统在社会上的作用的斗争在巴勒斯坦将继续下去。然而,就目前而言,哈马斯因其在对抗以色列的斗争中表现出的气魄,得到了许多世俗派巴勒斯坦人的支持和多方面的赞赏。事实上,这场斗争才是真正的问题所在。根据官方说法,哈马斯是一个恐怖组织,对已经撤出加沙地带的追求和平的以色列犯下了恶行。但以色列是为了和平而撤军的吗?答案是响亮的"不"。

为了更深刻地理解这个问题,我们需要追溯到 2004 年 4 月 18 日,即哈马斯领导人阿卜杜勒·阿齐兹·兰提西(Abdul Aziz al-Rantissi）被暗杀的次日。当天，以色列广播电台采访了以色列国会外交和国防委员会主席、本雅明·内塔尼亚胡的亲密助手尤瓦尔·斯坦尼茨（Yuval Steinitz）。在从政之前，他曾在海法大学教授西方哲学。斯坦尼茨声称，笛卡儿塑造了他的世界观，但作为一名政治家，他似乎受戈比诺（Gobineau）和费希特（Fichte）等浪漫派民族主义者的影响更深，他们强调种族纯洁是民族卓越的先决条件。[15] 当采访者询问斯坦尼茨，以色列政府对现存的巴勒斯坦领导人有何计划时，这些具有欧洲色彩的种族优越论调在以色列语境下的解读就变得昭然若揭了。采访者和受访者都咯咯地笑着，他们一致认为以色列应该制定政策，暗杀或驱逐整个巴勒斯坦现任领导层，即巴勒斯坦民族权力机构的所有成员——大约4万人。"我很高兴，"斯坦尼茨说，"美国人终于清醒过来了，完全支持我们的政策。"[16] 同日，本-古里安大学的本尼·莫里斯重申他支持对巴勒斯坦人实施种族驱离，声称这是解决冲突的最佳途径。[17]

这些观点，在过去往好里说是边缘意见，往坏里说就是疯言疯语，现在已然成为以色列犹太人的核心共识，由权威学者们作为唯一的真理在黄金时段的电视上宣传。2004年的以色列是一个偏执狂般的社会，决心以武力和毁灭性手段来结束冲突，根本不考虑以色列社会或潜在的受害者们会付出何种代价。这些精英人士往往只得到美国政府和西方政治精英的支持，而世界上其他更有良心的旁观者只能无助而困惑地看着。以色列就像一架处于自动驾驶模式的飞机，航线已预先规划，速度也已预先设定。目的是建立一个"大以色列"，包括西岸半数土地和加沙地带的一小部分（总计大约占历史上所称巴勒斯坦面积的90%）。这个"大以色列"没有巴勒斯坦人存在，高耸的隔离墙隔开了巴勒斯坦原住民，他们将被塞进加沙和残余的西岸地区这两个巨大的监狱集中营里。在这一愿景中，以色列的巴勒斯坦人要么进入难民营，成为饱受煎熬的数百万难民中的一员，要么屈服于充斥着歧视和虐待的种族隔离制度。

同年，即2004年，美国人监督了他们所谓的和平"路线图"的落实。这是小布什总统最初在2002年夏天提出的一个荒唐计划，甚至比《奥斯陆协议》更不着边际。这个主意是向巴勒斯坦人提供一项经济复苏计划，并减少以色列派驻在部分占领区的军事力量，为时大约三年。此后会召开另一次峰会，以某种方式一劳永逸地结束冲突。

西方世界许多国家的媒体都将"路线图"计划和以色列的"大以色列"愿景（包括自治的巴勒斯坦飞地）视为一体，将两者视为实现和平与区域稳定的唯一安全途径。将这一愿景变为现实的使命委托给了"中东四方"（又名中东问题有关四方"Middle East Quartet"，有时也叫马德里四方"Madrid Quartet"）。中东四方机制成立于2002年，旨在让联合国、美国、俄罗斯和欧盟能够同心协力促进巴以和平。中东四方本质上是一个由四个成员国的外交部部长组成的协调机构。2007年，在托尼·布莱尔被该机构任命为中东特使后，中东四方的活跃度增强。布莱尔租用了耶路撒冷富有传奇色彩的美侨民酒店全新的翼楼作为其总部。这些举动耗资巨大却一无所获，如同布莱尔的薪水一样。

中东四方发言人采用了和平对话的方式，提出了以色列应当全面撤军、结束犹太人定居计划，并遵守"两国方案"。这使一些观察家燃起了希望，他们仍然相信这个路线是有意义的。然而，实际上"路线图"与《奥斯陆协议》一样，允许以色列继续执行其建立"大以色列"的单边计划。不同之处在于，这一次是阿里埃勒·沙龙担任设计师，他比拉宾、佩雷斯或内塔尼亚胡更加专注，意志也更坚决。他走出了一步出人意料的妙棋：提出将以色列定居点从加沙地带撤出。沙龙在2003年将这一提案公之于众，然后向同僚们施压，要求他们采纳提案，最后用了一年半的时间就做到了。2005年，以色列派军队强行驱逐那些不愿撤离的定居者。这个决策背后的动机是什么？

约旦河西岸的未来应当如何，历届以色列政府都非常清楚，但对于要如何处理加沙地带，却没有定见。[18] 对西岸采取的战略是确保它继续处于以色列直接或间接的统治之下。自1967年以来，包括沙龙政府在内的几任政府都希望这一规章能够纳入

"和平进程"中。这其实是老调重弹,承袭自伊加尔·阿隆和摩西·达扬 1967 年的想法,巴勒斯坦人口密集的地区应该从外部加以控制。但加沙地带的情况就不同了。沙龙同意前几任政府(其中大多数是工党政府)原先派遣定居者进入加沙地带核心地区的决定,也支持在西奈半岛建立定居点。根据以色列与埃及的双边和平协议,这些定居点最后都被撤除了。21 世纪,沙龙开始接受利库德集团和工党主要成员的务实主义观点,思考放弃加沙以保西岸的可能性。[19]

在奥斯陆进程之前,犹太定居者在加沙地带的存在并没有使事情复杂化,但是一旦巴勒斯坦权力机构有了新的想法,对以色列来说,定居者就由资产变成了债务。因此,许多以色列的决策者,甚至那些没有立即接受撤除定居点这种想法的人,都在寻找方法把加沙地带从他们的脑海和心中抹去。《奥斯陆协议》签署后,这一切就更加明显了:加沙地带被带刺的铁丝网包围,加沙工人进入以色列和西岸的行动受到严格限制。从战略上来讲,在新的格局中,从外部控制加沙更容易,但如果定居者社群还留在加沙,这就无法完全做到。

一种解决方案是将加沙地带划分为两个区域:一个可直接通往以色列的犹太区和一个巴勒斯坦区。在第二次巴勒斯坦大起义爆发之前,这种做法一直很有效。然而,大起义时,连接四处蔓延的定居点的道路,也就是人们所说的古斯卡提夫街区(Gush

Qatif），很容易成为被攻击的靶子。定居者的脆弱性充分暴露出来。在这场冲突中，以色列军队的战术包括大规模轰炸和摧毁巴勒斯坦叛军的窝藏地，这也导致2002年4月杰宁（Jenin）难民营中无辜的巴勒斯坦人遭到屠杀。然而，由于当地犹太定居者的存在，这些战术在人口稠密的加沙地带很难施行。因此，在对西岸发动最残酷的军事袭击"防御盾牌"行动一年后，为了更方便地施行报复政策，沙龙打算撤出加沙地带的定居者，也就不让人感到意外了。然而，2004年，由于沙龙无法将自己的政治意愿强加于加沙地带，他转而呼吁对哈马斯领导人发起一系列暗杀行动。沙龙希望借由对两位主要领导人阿卜杜勒·兰提西和谢赫·艾哈迈德·亚辛（于2004年3月17日被杀害）进行暗杀，从而影响未来走向。甚至如《国土报》这样严肃的信源也认为，在这些暗杀事件之后，哈马斯将失去其在加沙地带的权力基础，并缩编且转驻大马士革。如果需要的话，以色列也会对大马士革发动袭击。这家报纸也对美国支持暗杀行动的立场表示了赞赏（尽管该报和美国当局此后对这一政策的支持力度都大幅下降）。[20]

这些杀戮事件都发生在哈马斯赢得2006年选举并接管加沙地带之前。换言之，以色列的政策没有削弱哈马斯，反而提升了哈马斯的声望和影响力。沙龙希望巴勒斯坦权力机构控制加沙，并将其视为西岸的A区，但这并未实现。有两种方法来处理加沙问题，沙龙必须二选其一：要么清出加沙的定居者，他就可以在对哈马斯进行报复时不伤害以色列公民；要么完全撤离加沙，以重新集中精力吞并约旦河西岸或其部分地区。为了确保他的第二种选择能在国际上得到理解，沙龙精心策划了一场所有人都为之倾心的猜谜游戏。当他开始鼓噪将定居者驱逐出加沙地带时，"忠诚信仰集团"将这一行动比作大屠杀，并在定居者被逐出家园时安排了一部电视真人秀节目。在以色列，支持定居者的阵营和支持沙龙和平倡议计划的左翼阵营之间似乎爆发了一场内战，沙龙过去的劲敌也在左翼之列。[21]

在以色列内部，这一举动削弱了，甚至在某些情况下完全消除了反对的声音。沙龙提出，以色列撤出加沙而哈马斯上台之后，推进《奥斯陆协议》之类的宏伟构想就毫无意义了。2007年，沙龙病入膏肓，他建议暂时维持现状，他的继任者埃胡德·奥尔默特（Ehud Olmert）也表示认同。在加沙遏制哈马斯是必要的，但解决西岸问题并不急于一时。奥尔默特将这一原则称为单边主义：既然近期不会与巴勒斯坦人进行什么重大的谈判，以色列应该单方面决定他们要吞并西岸哪些地区，哪些地区可以由巴勒斯坦权力机构自行管辖。以色列决策者们心照不宣，只要不做公开声明，这在当地是可以实现的，这一行动方针是可以被中东四方和巴勒斯坦权力机构接受的。到目前为止，这个策略似乎是可行的。

由于缺乏强大的国际压力，比邻的巴勒斯坦权力机构又懦弱无能，大多数以色列人对西岸的战略并不感兴趣。2005年以来的竞选活动也表明，犹太社群更倾向于讨论社会经济问题、宗教在社会中的作用以及以色列对哈马斯和真主党的战争。工党作为主要的反对党，或多或少都认同联合政府的愿景，因此自2005年以来它一直穿梭于政府内外。当谈到西岸或巴勒斯坦问题的解决方案时，以色列的犹太社群似乎已经达成了共识。是沙龙领导的右翼政府决定将定居者从加沙撤出，更加巩固了这一共识。对于那些自认为属于利库德集团左翼的人来说，沙龙的举动是一种和平的表态，也是在与定居者勇敢对抗。他成了左翼、中间派和温和派右翼心中的英雄，就像为了和平而将"黑脚"（pied noir，字面意思是黑色脚丫，指那些前往阿尔及利亚定居的法国人和他们的后裔。——编者注）从阿尔及利亚撤出的戴高乐一样。从此以后，巴勒斯坦方在加沙地带的反应，以及巴勒斯坦权力机构对以色列政策的批评，被以色列视为一种证据，证明他们在巴勒斯坦缺少明智或可靠的和平伙伴。

除了《国土报》勇气可嘉的记者们，如吉迪恩·利维（Gideon Levy）和阿米拉·哈斯（Amira Hass），以及左翼犹太复国主义政党梅雷兹党（Meretz）的少数成员和一些反犹太复国主义团体之外，以色列的犹太社群实际上是失声的，让政府自2005年以来，可以全权决定对巴勒斯坦人采取任何他们认为合适的政策。这就是为什么在事先没有准备的情况下，2011年的抗议运动能激起50万以色列人（当时总人口数为700万）起来反对政府的政策、占领及恐怖行径。因为没有受到任何公开的议论和批评，在沙龙执政的最后一年，也就是2005年，他对更多手无寸铁的巴勒斯坦人大开杀戒，并通过宵禁和长期封锁等手段，使占领区的人们忍饥挨饿。当占领区里的巴勒斯坦人偶尔反抗时，政府有权力用更大的武力和更强的决心来加以回击。

前几届美国政府都支持以色列的政策，不管这些政策会对巴勒斯坦人产生何种影响，也不管巴勒斯坦人会有什么看法。然而，这种支持曾经也需要协商和一些互让。即使在2000年10月第二次巴勒斯坦大起义爆发后，华盛顿政府的一些人仍试图让美国不要干涉以色列对起义的镇压。有一段时间，美国人似乎对每天都会有一些巴勒斯坦人被杀害且有大量受害者是儿童这一事实感到不安。对于以色列实施的集体制裁、拆毁房屋和未经审判先逮捕的行为也感觉不舒服。但他们最终对这一切习以为常，当以色列犹太人达成共识，同意在2002年4月对西岸发动袭击时——这是邪恶的占领历史上前所未有的残暴事件——美国政府只对以色列的单方面吞并和定居行为提出了反对，因为这在欧盟和美国联合支持的路线图中是明文禁止的。

2004年，作为从加沙地带撤军的条件，沙龙要求美国和英国支持以色列对约旦河西岸的殖民，他如愿以偿了。他的和平计划在以色列获得通过，但美国最初是拒绝的，他们认为这是徒劳的（世界其他国家更是强烈地谴责该计划）。然而，以色列方则希望利用美国和英国在伊拉克的行为与以色列的巴勒斯坦政策之间的相似性，能够让美国改变立场，以色列赌对了。值得注意的是，直到最后一刻，华盛顿还在为是否给沙龙从加沙撤军开绿灯而犹豫不决。2004年4月13日，本-古里安机场的停机坪上出现了一幅奇怪的场景。以色列总理的喷气式飞机在预定起飞时间之后的几个小时竟一动不动。在机舱内，沙龙拒绝起飞前往华盛顿，除非美国支持他所谓的撤军计划。小布什总统本身是支持撤军行动的。令总统的顾问们感到为难的是，沙龙要求小布什在计划上签字，作为美国背书的一部分。这包括让美国承诺将来不会因为和平进程向以色列施压，并将难民的回归权排除在未来任何的谈判之外。沙龙说服小布什的助手，如果没有美国的支持，他将无法团结以色列公众支持他的撤军计划。[22]

过去，美国官员通常需要一段时间才能和以色列政客达成共识，而这次却只花了三个小时。我们现在知道，沙龙之所以如此急切，还有另一个原因：他知道警方正在以严重的腐败指控对他进行调查，他需要说服以色列公众在一个悬而未决的法庭案件面前信任他。以色列议会左翼议员尤西·萨里德（Yossi Sarid）表示："被调查得越彻底，撤军也会越彻底。"他指出了沙龙的官司缠身与他的撤军承诺之间的关联。[23] 美国政府本应该花比现在更长的时间做决定。实质上，沙龙是在要求小布什总统放弃美国对巴勒斯坦的几乎所有承诺。该计划提出以色列从加沙撤军，关闭那里的少数定居点，以及西岸的其他几个定居点，以换取将西岸的大部分定居点并入以色列。美国人也非常清楚这幅拼图中还有另一个关键的部分。对沙龙来说，只有以色列从 2003 年便开始修建的隔离墙完成后，将西岸的巴勒斯坦一分为二，他才有可能吞并他梦寐以求的西岸。他没有预料到此举会遭到国际社会的反对，隔离墙成为占领最具标志性的象征，以至于国际法庭裁定，这构成了对人权的侵犯。时间会告诉我们，这是不是一个有意义的里程碑。[24]

当沙龙坐在专机上等待时，华盛顿对这一计划给予了支持，将西岸大部分地区交给以色列，让所有难民处于流亡之中，并默许修建隔离墙。沙龙选择了理想的美国总统，作为其施行一系列新计划的潜在盟友。小布什总统深受基督教犹太复国主义者的影响，甚至可能和他们观点一致，即圣地再次出现犹太人，是实现世界末日情景的一部分，这可能会迎来基督的第二次降临。小布什的顾问们是世俗派新保守主义者，他们对以色列打击哈马斯的战争表示赞赏，与战争伴随而来的是以色列撤离定居者与追求和平的承诺。以色列看似成功的行动——主要是 2004 年的定点暗杀——证明了美国自己的"反恐战争"必将胜利。事实上，以色列的"成功"是对当地实况带有讽刺意味的歪曲。巴勒斯坦的游击战和恐怖活动相对减少是由于宵禁和封锁，以及将 200 多万人长期关在家中，不让他们工作，饥肠辘辘。即使是新保守主义者们也应该明白，无论是在伊拉克还是在巴勒斯坦，这都不能长久地解决占领国挑起的敌对和暴力行为。

沙龙的计划得到了小布什的政治公关们的赞同，他们认为这是迈向和平的新步伐，并以此来分散人们对伊拉克事态每况愈下的注意力。立场较为公正的顾问们可能也会接受这个计划，他们非常渴望看到事情有所进展，以至于他们只好说服自己，该计划为和平和更美好的未来提供了机会。这些人很久以前就忘记了要如何区分语言的蛊惑力量和语言背后掩盖的现实。只要该计划包含"撤军"这一神奇术语，就连美国头脑最冷静的记者、以色列工党领导人（他们一心想以神圣共识的名义加入沙龙政府）以及以色列左翼政党梅雷兹党新当选的主席约西·贝林都认为推行这个计划是一件好事。[25]

到2004年底，沙龙知道他已经没有理由再害怕外界的压力。欧洲诸国和美国政府都不愿或无法阻止以色列占领，也无法阻止巴勒斯坦人遭到进一步的伤害。面对新的社会共识，那些曾经愿意参加反占领运动的以色列人寡不敌众，士气低落。大约在那个时候，欧洲和美国的民间社会意识到他们能够在冲突中发挥重要作用，并受到"抵制、撤资和制裁"运动的思想激励，这也在情理之中。相当多的组织、工会和个人致力于发起新一波的公众运动，发誓要尽其所能让以色列人明白，沙龙这样的政策是要付出代价的。

从那以后，从学术抵制到经济制裁，西方各国一直在尝试各种可能的手段。他们对内传播的信息也很明确：对于巴勒斯坦人民在过去、现在和未来所承受的灾难，他们的政府应负的责任不比以色列少。"抵制、撤资和制裁"运动要求制定一项新的政策来对抗沙龙的单边战略，这不仅是出于道德或历史的原因，也是为了西方世界的安全甚至生存。自 2001 年 "9·11" 事件以来发生的各种暴力事件令人痛心地说明，巴勒斯坦的冲突破坏了西方社会的多元文化结构，因为它使美国和伊斯兰世界越来越疏远，陷入噩梦般的关系当中。向以色列施压，似乎是为了全球和平、区域稳定和巴勒斯坦冲突的和解而付出的一个小小代价。

因此，以色列撤出加沙不是和平计划的一部分。根据官方说法，撤退行动是一种和平姿态，但忘恩负义的巴勒斯坦人先是投票给了哈马斯，然后向以色列发射火箭弹。因此，从巴勒斯坦任何被占领土上继续撤出毫无意义，也非明智之举。以色列所能做的就是自卫。此外，这种"差点导致内战"的"创伤"，意在说服以色列社会不要再重蹈覆辙。

对加沙的战争是一场自卫战争吗？

尽管我与诺姆·乔姆斯基合著过一本书，名为《对加沙的战争》(*The War on Gaza*)，但我不确定"战争"是不是描述以色列从 2006 年开始对加沙地带发动的各种袭击的正确字眼。事实上，从 2009 年的"铸铅行动"（Operation Cast Lead）开始后，我选择将以色列的政策称为"渐进式种族灭绝"。我在使用这个高度敏感的词之前是犹疑的，但无法找到另一个可以对过去所发生的一切进行精准描述的词语。我收到了一些重要的人权活动家的回复，指出使用这个词有些不妥，我在之后的一段时间里又斟酌了一下这个词，但最近当我再次使用这个词时，我的内心更加深信不疑：要描述以色列军队自 2006 年以来在加沙地带的所作所为，这是唯一恰如其分的用法。

2006 年 12 月 28 日，以色列人权组织 B'Tselem 发表了一篇关于占领区内发生的暴行的年度报告。那一年，以色列军队杀害了 660 名公民，是前一年被杀人数（约 200 名巴勒斯坦人）的三倍多。据 B'Tselem 的数据，2006 年的死者中包含 141 名儿童。大多数伤亡人员来自加沙地带，以色列军队在那里推倒了近 300 所房屋，摧毁了一个又一个家庭。这意味着自 2000 年以来，有近 4000 名巴勒斯坦人被以色列军队杀害，其中一半是儿童，伤者超过 2 万多人。[26]

B'Tselem 是一个保守组织，因此死伤人数可能会比报告中的更多。然而，问题不仅在于故意杀戮的升级，还在于此类行为背后的策略。在过去 10 年中，以色列决策者在约旦河西岸和加沙地带面临着两种截然不同的现实。在西岸，以色列东部边界的修建几近完工。内部意识形态的争论已经结束，吞并西岸一半土地的总体计划正在加速实施。虽说根据"路线图"的条款，以色列承诺不建造任何新的定居点，因此，最后的吞并被推迟了。但决策者很快找到了两种方式，来规避这一所谓的禁令。第一，他们将西岸的三分之一重新划入"大耶路撒冷"，从而在这些新吞并的地区内建造城镇和社区中心。第二，他们将旧定居点的规模不断扩大，因此无须建造新的定居点。

总的来说，星罗棋布的定居点、军事基地、道路网和隔离墙的部署，都使以色列能够在它认为必要时正式吞并西岸几乎半壁江山。这些领土上有相当多的巴勒斯坦人，以色列当局将继续对他们执行缓慢而从容的迁移政策。对于西方媒体来说，这是一个令人厌烦的无聊话题，对于人权组织来说，这也是一个太过模糊以至于难以概括的话题。对以色列人而言，他们并不急于求成——事实上他们早已占了上风：军队和官僚机构双管齐下，每天都在实施虐待和灭绝人性的行径，一如既往地、有效地推动着驱逐巴勒斯坦人的进程。

沙龙的战略思想得到了他上一届政府所有人的认可，他的继任者埃胡德·奥尔默特也是如此。沙龙甚至离开了利库德集团，成立了一个中间派政党前进党，这反映出以色列对占领区政策的共识。[27]另一方面，对于加沙地带，无论是沙龙还是他的跟随者，都无法提出一套明确的官方战略。在以色列人眼中，加沙地带是一个与西岸截然不同的地缘政治实体。它仍然掌握在哈马斯手中，而巴勒斯坦权力机构似乎只是在以色列和美国的许可下，才得以管理支离破碎的约旦河西岸。加沙地带既没有以色列觊觎的大片土地，也不存在像约旦这样可以把巴勒斯坦人驱逐过去的腹地。在这里，种族驱离是无效的解决办法。

在加沙地带最早采取的战略，是对巴勒斯坦人实施居住隔离制度，但这并不奏效。被围困的社区向以色列发射了一些土制导弹，来表达其生存的意志。以色列对这个社区下一次的袭击往往更加恐怖和野蛮。2005年9月12日，以色列军队撤离了加沙地带。与此同时，以色列军队入侵图尔卡里姆镇（Tul-Karim），大规模实施逮捕，尤其针对哈马斯的盟友伊斯兰圣战组织的成员，并杀害了其中一些被捕者。伊斯兰圣战组织发射了9枚火箭弹，但无人死亡。以色列以"初雨行动"（First Rain）作为回应。[28] 关于这一行动的性质，值得我们思考片刻。"初雨行动"的灵感来自殖民主义国家和独裁政府对被监禁或被放逐的反叛团体采取的惩罚措施。行动一开始，以色列以超音速喷气式飞机飞越加沙，恐吓当地加沙人。随后，从海陆空对广大地区进行了猛烈轰炸。以色列军方发言人解释说，他们的逻辑是想营造一种压力，削弱当地社群对火箭炮发射者的支持。[29] 不出以色列所料，这次行动不仅增加了当地人对反抗斗士的支持，且为他们的下一次尝试提供了额外的动力。这次特殊行动的真正目的是试探。以色列的将军们想知道国内、该区域内以及更广泛的世界舆论对这种行动的接受程度。当事实证明国际社会的谴责极其有限且非常短暂时，他们对结果感到满意。

自"初雨行动"实施以来，所有后续的军事行动都遵循类似的模式。不同之处在于程度的升级：更猛烈的火力、更大的伤亡和更多的附带伤害。不出所料，巴勒斯坦射回的卡萨姆导弹也更多。2006年之后，以色列又辅以其他配套措施，采取了更为险恶的手段，即通过抵制和封锁对加沙地带的人民实行严密的围城攻势。2006年6月，以色列国防军士兵吉拉德·沙利特（Gilad Shalit）被俘，这并没有改变哈马斯和以色列之间的力量平衡，但却为以色列进一步升级其战术和惩罚行动提供了机会。毕竟，除了继续实施无休止的惩罚行动之外，以色列的战略方向还不明确。

以色列还继续为其军事行动冠以荒谬甚至险恶的名字。"初雨"之后是"夏雨"（Summer Rains），这是2006年6月开始的惩罚行动。"夏雨"带来一个新的行动项目：对加沙地带部分地区发动陆上入侵。这使军队能够更有效地杀害巴勒斯坦公民，并谎称这是人口稠密地区猛烈交火的结果，也就是说，这是形势使然，而非以色列政策的罪过。随着夏季的结束，更高效的"秋云行动"（Autumn Clouds）登场了：2006年11月1日，在不到48小时的时间里，70名平民被杀。到11月底，将近200人被杀，其中一半是儿童和妇女。其中一些行动与以色列对黎巴嫩的攻击同时进行，以便这些行动更轻松地完成，因为不会招来外界过多的关注，更不用说加以批评了。

从"初雨"到"秋云"，我们可以看到这些行动全方位的升级。第一，袭击目标"平民"和"非平民"之间的区别消失了：以色列杀红了眼，广大平民成为行动的主要目标。第二，但凡以色列军队拥有的致命性机器，几乎全部派上了用场。第三，伤亡人数明显增加。最后，也是最重要的一点，这些行动逐渐形成为一项战略，表明了以色列未来打算用这种方法解决加沙地带的问题：有精密计划的种族灭绝政策。然而，加沙地带的人民持续抵抗。这导致了以色列进一步的种族灭绝行动，但时至今日以色列仍然未能重新占领加沙地带。

2008年，继"夏雨"和"秋云"行动之后，以色列又实施了"热冬行动"（Hot Winter）。正如预期的那样，新一轮袭击造成了更多平民死亡，加沙再次遭到来自空中、海上和陆地的轰炸，并遭到入侵，100多人死亡。至少这一次，国际社会似乎给予了片刻的关注。欧盟和联合国谴责以色列"过度使用武力"，并指责其违反国际法；美国的批评是"各打五十大板"。然而，这足以导致停火，虽然以色列偶尔还是会违反停火协议而发动袭击。[30] 哈马斯愿意延长停火时间，并从宗教角度批准了这一战略，称之为"塔哈迪亚"（tahadiah）——在阿拉伯语中是"平静"的意思，在意识形态上意味着"漫长的和平"。这也成功说服了哈马斯大多数派系停止向以色列发射火箭弹。以色列政府发言人马克·雷格夫（Mark Regev）也承认了这一点。[31]

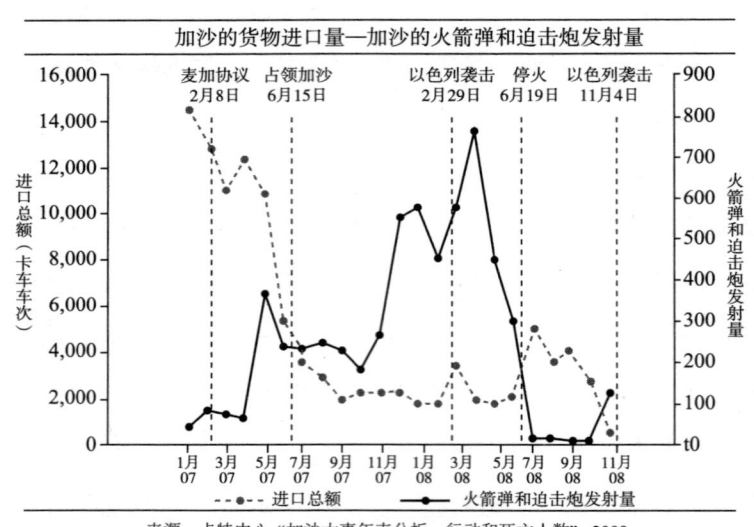

加沙的货物进口量—加沙的火箭弹和迫击炮发射量

来源：卡特中心，"加沙大事年表分析：行动和死亡人数"，2009

如果以色列能真正放松围困，停火协议可能会取得成功。实际上，这意味着允许更多货物进入加沙地带，放松对人们进出的管控。然而，以色列没有遵守承诺。以色列的官员们非常坦率地告诉美国官员，这个方案旨在使加沙经济"濒临崩溃的边缘"。[32] 正如卡特和平中心（Carter Peace Center）绘制的图表所示，围困的强度与以色列发射火箭弹的强度之间存在正相关。

以色列于 2008 年 11 月 4 日打破停火协议，借口是他们发现了哈马斯挖出的一条隧道——因此，以色列声称哈马斯是在策划另一次绑架行动。一直以来，哈马斯一直从加沙隔离区向外修建隧道，以输送食物，转出人口，这确实是其抵抗战略的一部分。以色列利用隧道作为违反停火协议的借口，等同于说哈马斯可能只因以色列在边境附近有军事基地便决定违反协议一样。哈马斯官员声称，该隧道的修建是出于防御目的。他们在其他情况下从不回避吹嘘这些隧道还有不同的功能，所以这可能是真的。爱尔兰－巴勒斯坦团结组织萨达卡（Sadaka）发表了一份非常详细的报告，他们收集了证据，表明以色列官员其实早就知道这条隧道没有任何危险。以色列政府只是需要一个借口，来再次试图摧毁哈马斯。[33]

哈马斯以一连串导弹来回应以色列的袭击，但没有造成任何伤亡。以色列短暂停火，并要求哈马斯同意按照其开出的条件停火。哈马斯拒绝了，这导致了 2008 年底臭名昭著的"铸铅行动"（现在的行动代号变得更加不祥）。这次行动的初步轰炸前所未有——让许多人想起了 2003 年对伊拉克的地毯式轰炸。铸铅行动轰炸的主要目标是民用基础设施，医院、学校、清真寺无一幸免，都遭到了袭击和摧毁。哈马斯将反击的矛头对准了以前没有袭击过的以色列城镇，如向贝尔谢巴和阿什杜德发射火箭弹。虽然有少数平民伤亡，但死亡的以色列人（共 13 人）大多数是被己方火力误伤的。与此形成鲜明对比的是，1500 名巴勒斯坦人在这次行动中丧生。[34]

现在以色列的行动又多了一个新的讽刺：国际社会和阿拉伯世界的捐助者承诺提供数十亿美元的援助，用于重建未来会被以色列再次摧毁的地方。即使是最严重的灾难，也可能有利可图。

2012年，下一轮的两次行动来临：与之前的袭击相比规模较小的"回声行动"（Returning Echo），以及2012年7月意义更重大的"防御之柱行动"（Pillar of Defense），"防御之柱"结束了那年夏天以色列爆发的社会抗议运动，避免了以色列政府因经济和社会政策的失败而倒台。没有什么比一场国境之南的战争更能说服年轻的以色列人停止抗议，转而挺身而出保卫祖国。这套做法以前很管用，这次依然管用。

2012年，哈马斯首次用火箭弹攻击特拉维夫，但造成的破坏很小，没有人员伤亡。与此同时，200名巴勒斯坦人被杀，其中包括数十名儿童。2012年对以色列来说是不错的一年。筋疲力尽的欧盟和美国政府甚至没有谴责当年的袭击事件；事实上，他们一再援引"以色列自卫的权利"。难怪两年后，以色列人明白他们可以走得更远。2014年夏天的"护刃行动"（Protective Edge）已经规划了两年；以色列以三名定居者在西岸被绑架和杀害为借口发起了这次行动，造成2200名巴勒斯坦人死亡。哈马斯用火箭弹袭击了本－古里安机场，让以色列也陷入了一段时间的瘫痪。

以色列军队首次在加沙地带与巴勒斯坦游击队面对面作战，造成 66 名以军士兵阵亡。在绝望的巴勒斯坦人与以色列军队的战斗中，巴勒斯坦人占据了上风，他们被长期且残酷的围困激怒，置之死地而后生。这种情形就仿佛一支警察部队进入一座从外部控制的安全级别最高的监狱，没想到面对他们的是绝望而坚韧的囚犯们，这些人此前一直被有计划地饿死、勒死。一想到以色列在与英勇的哈马斯战士交锋后会如何收场，就不寒而栗。

叙利亚战争和由此引发的难民危机，并没有为国际社会在加沙采取行动或关注加沙留下多少空间。然而，对加沙地带人民发动新一轮袭击的准备似乎已经万事俱备。据联合国当时的预测，按照这种破坏速度，到 2020 年加沙地带将变得不适合人类居住。这不仅会通过军事力量来实现，还将通过联合国所称的"反发展"的途径来实现——这是一个发展逆转的过程：

过去六年中以色列发动的三次军事行动，加上八年的经济封锁，已然毁坏了加沙业已衰败的基础设施，摧毁了其生产基础，以至于加沙根本来不及进行有意义的重建或经济复苏，这使加沙的巴勒斯坦人民陷入贫困，导致他们的经济水平比 20 年前更差。[35]

自埃及发生军事政变以来，以色列判给加沙的死亡之期又近了一步。埃及的新政权关闭了加沙在以色列国境外唯一开放的出口。自 2010 年以来，为了表示与加沙人民团结一致，并打破以色列对加沙的封锁，民间组织持续派出小型船队。其中一艘船"蓝色马尔马拉"（Mavi Marmara）号遭到了以色列突击队的袭击，冲突造成 9 名乘客遇难，其余乘客被捕。其他船队的遭遇要好一些。然而，联合国对 2020 年的预测仍然存在，要说服以色列人缓和态度，并阻止这种慢性衰竭式的折磨，加沙人民需要的似乎不仅仅是几条和平的小船。

第三部分　展望未来

第十章

"两国方案"是唯一的出路

这个迷思并不陌生，它通常以肯定的声音传播，声称巴以冲突存在解决方案，而且指日可待。然而，以色列目前在西岸大片地区进行殖民的现实，这使得任何的"两国方案"都不可能实现。充其量，人们最多只能期待一个属于巴勒斯坦人的班图斯坦。但是，这种政治安排制造出的国家，不会拥有真正的主权，会被划分为几个自治区，无法独立于以色列之外自保或维系自身的存在。如果以色列方面奇迹般地改变主意，一个更为独立的政治实体能够建立的话，就不会让两国分治方案转化为冲突的最后一幕。难以想象的是，一场已有近150年历史的民族解放斗争，最终竟然只能以对20%的国土进行有条件的自治而画上句号。此外，还没有任何外交协议或文件能够界定哪些人该纳入协议，而谁又不该纳入。例如，只纳入居住在西岸的巴勒斯坦人，而不纳入居住在加沙地带的巴勒斯坦人是不可能的。这将是目前的局势，因为加沙地带和耶路撒冷的许多地区似乎都被排除在谈判之外，没有被纳入那个设想的国家中。

如前所述，"两国方案"是以色列的一项发明，旨在"化圆为方"，根本无法实现。它回答了这个问题：如何将西岸置于以色列控制之下，而不吸纳居住在那里的人口。因此，有人建议，让西岸的一部分实行自治，成为一个准国家。作为建国的回报，巴勒斯坦人将不得不放弃所有回归的希望，放弃巴勒斯坦人在以色列的平等权利，放弃耶路撒冷的命运，放弃在自己的家园过上正常生活的希望。

对这一迷思的任何批评，往往会被打上反犹主义的烙印。然而，在许多方面情况恰恰相反：新的反犹主义与这一迷思之间存在关联。"两国方案"基于这样一种理念，即犹太国家是解决犹太问题的最佳方案。也就是说，犹太人应该住在巴勒斯坦，而不是其他任何地方。这一概念和反犹主义者的核心思想很接近。间接地说，"两国方案"是建立在"以色列和犹太教是同一件事"的假设之上。因此，以色列坚持认为，它所做的一切都是以犹太教的名义进行的，当全世界人民唾弃它的行为时，这样的批评不仅是在针对以色列，也是在针对犹太教。英国工党领袖杰里米·科尔宾（Jeremy Corbyn）曾解释说，将内塔尼亚胡的政策归咎于犹太教就像将"伊斯兰国"的行为归咎于伊斯兰教一样，这招致了很多批评。这是一个合理的比较,即使它触怒了某些人的敏感神经。[1]

"两国方案"就像一具尸体,时不时地被抬出太平间,精心打扮一番后,又被当作一个活人示众。当它再次被证明毫无生命力时,就再被送回太平间。今后,唯一可能改变现状的,是联合国接纳巴勒斯坦为正式成员国。同时,我们还可能看到以色列完成对 C 区(超过西岸 50% 的地区)的占领。两者之间的紧张关系——联合国安理会的敷衍行事和巴勒斯坦当地的现实之间的落差——可能令国际社会难以承受。可以想象的最好的情况可能是,这种情形会迫使大家回到绘图桌前,从基本原则出发重新思考解决冲突的方法。

这场闹剧很快就会结束,无论是以和平或暴力的方式,结果都将惨痛收场。现在似乎没有什么能阻止以色列完成对西岸的殖民,以及继续对加沙实施围困。这可能需要在国际社会的许可下才能实现,但以色列有足够多的政治家似乎愿意在缺少这种许可的情况下继续一意孤行。无论哪种情况,以色列都需要使用残暴的武力来实现其"解决方案"中的愿景:吞并西岸一半的领土,将另一半像加沙地带一样隔离起来,并对以色列的巴勒斯坦族群公民实行某种种族隔离制度。这种情形将使任何关于"两国方案"的讨论变得无关紧要且过时。

在古代,死者会和他们生前珍视的物品和财产一起埋葬。这场即将到来的葬礼可能会遵循类似的仪式。在约 1.8 米深的地下，墓葬中最重要的物品是一本写满幻想与欺骗的词典，其中列有著名的词条，如"和平进程""中东唯一的民主国家""爱好和平的国家""平等与互惠"和"难民问题的人道主义解决方案"。多年来，人们一直在编写一本替代词典，会列出新的定义：犹太复国主义就是殖民主义，以色列就是种族隔离国家，巴勒斯坦大浩劫就是种族驱离。一旦"两国方案"被宣告死亡，这本词典更容易投入使用。[2]

已经作古的"两国方案"的地图也将放在尸体旁边。这份将巴勒斯坦缩小到其历史面积的十分之一，并号称"和平路线图"的地图有望永远消失。另一张地图倒也无须准备。自 1967 年以来，发生冲突的地理位置在现实中从未改变，即使它在自由派犹太复国主义政治家、记者和学者的言论中在不断地转换。巴勒斯坦从来就是河流和海洋之间的陆地，现在仍然如此。它不断变化的命运不是由地理因素决定的，而是由人口因素决定的。19 世纪末抵达当地的定居者现在占据了一半的人口，并通过种族主义意识形态和种族隔离政策控制了另一半人口。和平无关人口变化的问题，也不是重新绘制地图就能解决的问题，关键在于消除这些意识形态和政策。现在做这件事可能比以往任何时候都容易，谁知道呢？

这场葬礼将揭露 2012 年以色列大规模抗议运动的谬误，但也会突显其积极的潜力。那年夏天，为了反对政府的社会和经济政策，以色列中产阶级犹太人举行了为期七周的抗议活动，参加抗议的人数众多。为了尽可能地扩大抗议的规模，活动的领导人和协调者不敢提及占领、殖民和种族隔离这些字眼。他们声称，政府残酷的资本主义政策是一切罪恶的根源。在某种程度上，他们是有道理的。这些政策使以色列的"主宰民族"无法充分、平等地享受蹂躏和剥夺巴勒斯坦而得来的成果。然而，更公平地分配战利品，并不能保证犹太人或巴勒斯坦人能过上正常的生活；只有结束掠夺和抢劫才可以。然而，面对媒体和政客宣扬的社会经济现实，示威者也表达了他们怀疑和不信任的态度，这可能会为他们铺平一条道路，以便更好地理解他们多年来被灌输的关于"冲突"和"国家安全"的谎言。

　　这场葬礼应该激励我们大家像以往一样遵循同样的人力分配原则。与以往一样，巴勒斯坦人迫切需要解决的是媒体形象问题。世界上进步的犹太力量需要更密集地被招募到"抵制、撤资和制裁运动"与巴勒斯坦团结阵线中。对巴勒斯坦来说，现在是时候将"一国方案"的论述转变为政治行动了，或许现在该采用新词典了。由于剥夺无处不在，那么反剥夺与和解的行动就必须遍地开花。如果要在公正和民主的基础上重建犹太人和巴勒斯坦人的关系，那么我们既不能接受已被埋葬的"两国方案"的旧地图，也不能接受其中的分治逻辑。这也意味着，以色列的犹太人定居点（建于1967年之前）和西岸的犹太人定居点（建于1967年之后）之间不可撼动的区别，也应该被埋葬。相反，应该区分的是那些愿意讨论重建关系、政权更迭与平等地位的犹太人，以及那些不愿意讨论这些议题的犹太人，无论他们身处何处。

如果研究当代巴以的人文和政治结构，会发现一些令人惊讶的现象：进行对话的意愿在"绿线"（green line，将以色列和巴勒斯坦的领土分隔开来的政治边界线。——编者注）之外有时比"绿线"之内更为明显。内部关于政权更迭、媒体形象问题和"抵制、撤资和制裁运动"的对话，都是为巴勒斯坦带来正义与和平的共同努力的一部分。一旦"两国方案"被埋葬，以色列和巴勒斯坦实现公正和平的一个主要障碍就会被清除。

结语

21 世纪的定居者殖民国家以色列

到 2017 年，以色列对西岸和加沙地带的占领已达 50 年之久。经过如此长的一段时间，"占领"一词变得有些多余和无关紧要。在这个政权下，已经生活了两代巴勒斯坦人。尽管他们自己仍会称之为"占领"，但他们所经历的是一种更难击败或改变的东西——殖民。正如我在开头几章中提到的，"殖民"一词并不容易被应用于当下，它往往与过去的事件联系在一起。这就是为什么研究以色列的学者在最近令人兴奋的研究中会更频繁地使用另一个术语：定居者殖民主义。

殖民主义可以描述为欧洲人向世界上不同的地区迁移，在原本属于土著居民王国的领地上创造新的"白人"国家的运动。只有在定居者采用两种逻辑的情况下，这些国家才能建立起来：人口清除的逻辑——用尽一切可能的方式清除原住民，包括种族灭绝,以及去人性化的逻辑——将非欧洲人以外的民族全部视为劣等人,认为他们不配享有与定居者相同的权利。在南非,这套双生的逻辑导致了 1948 年种族隔离制度的诞生,同年,犹太复国主义运动将同样的逻辑运用于对巴勒斯坦的种族驱离行动中。

正如本书试图说明的那样,从定居者殖民主义的角度来看,占领西岸和加沙地带、奥斯陆进程以及 2005 年从加沙撤军等事件都是以色列战略的一部分,即占领尽可能多的巴勒斯坦领土,且留下最少的巴勒斯坦人。随着时间的推移,实现这一目标的手段发生了变化,目标也尚未达成。然而,这仍是引发冲突之火的主要燃料。

就这样,当欧洲定居者殖民主义在全世界蔓延时,使得非人性化和人口清除这两种逻辑的恐怖交织变得随处可见,首先在中东的独裁国家中找到了出路。萨达姆·侯赛因对库尔德人的灭绝,以及 2012 年阿萨德政权采取的惩罚性行动都无情地证明了这一点,这些例子只是冰山一角。当时,反对该政权的团体也采用了同样的做法:"伊斯兰国"的种族灭绝政策就是最糟糕的例子。

中东这种野蛮的人际关系,只能由当地人民自己来制止。但是,他们应该得到外部世界的帮助。齐心协力之下,该地区应该可以回到不太遥远的过去,那时的最高指导原则是"自己活,也让他人活"。任何关于结束中东侵犯人权行为的严肃讨论,都无法回避100年来在巴勒斯坦发生的侵犯人权的事实，这两者紧密相连。以色列以及此前的犹太复国主义运动所奉行的例外主义，使西方对阿拉伯世界侵犯人权的批评都成为笑谈。任何关于侵犯巴勒斯坦人人权的讨论，都需要理解犹太复国主义的定居者殖民工程造成的不可避免的后果。犹太定居者现在是这块土地的有机组成部分，不能也不会被移除。他们未来仍然属于这片土地，但不能建立在对当地巴勒斯坦人的持续压迫和剥夺之上。

我们已经浪费了数年时间讨论"两国方案"，仿佛它与上述议题有关一样。但我们需要这段时间来说服以色列的犹太人和全世界，当你建立了一个国家——即使这个国家拥有繁荣的文化、成功的高科技产业和强大的军事力量——却以剥夺他人为基础，你的道德合法性将会永远受到质疑。仅仅将合法性问题局限在1967年以色列占领的领土上，永远无法解决核心问题。当然，如果以色列从西岸撤军会有助于问题的解决，但另一种可能是，以色列会像2006年以来对加沙地带的管制一样，对西岸采取同样的监控。这样做并不会加快冲突的结束，只会将其转化为另一种冲突。

如果想要真诚地尝试一番，就需要解决历史的深层次问题。第二次世界大战后，殖民主义正被文明世界所排斥，犹太复国主义却在此时发展成为一项殖民主义工程，这是因为犹太国家的建立为欧洲——尤其是西德——提供了一条摆脱有史以来最严重的反犹主义暴行的捷径。以色列是第一个宣布承认"新德国"的国家，作为回报，它得到了很多财富，更重要的是，它获得了授权，能够随意将整个巴勒斯坦变成以色列的领土。犹太复国主义将自身当作反犹主义的解决方案，但却成为反犹主义继续存在的主因。这项"交易"也未能根除种族歧视和仇外心理，它们仍然存在于欧洲的中心地带，培养出纳粹主义，在欧洲以外产生了残酷的殖民主义。种族歧视和仇外心理现在转向反对穆斯林和伊斯兰教；由于这与巴以问题密切相关，一旦找到巴以问题的真正答案，种族歧视和仇外心理就可以减少。

大屠杀的故事应该有一个更好的结局。这可能需要一个强大的、文化多元的德国，为欧洲其他国家指明道路；一个能勇敢地处理历史上犯下的且在今天仍然能引发共鸣的种族罪行的美国社会；一个铲除野蛮和非人道行为的阿拉伯世界……

但是，如果我们继续陷入将谬误视为真理的陷阱，那么上述一切就都不会发生。巴勒斯坦并非空无一人，犹太人也曾有自己的家园；巴勒斯坦是被殖民，而不是"被赎回"；1948年巴勒斯坦人民是被驱逐，而非自愿离开。根据《联合国宪章》，殖民地人民有权为解放而奋起反抗，即使手握军队，这种斗争的成功取决于能否建立起一个接纳全体国民的民主国家。当我们从关于以色列的十大迷思中解放出来，对未来的讨论不仅有望为以色列和巴勒斯坦的和平提供帮助，而且有助于欧洲妥善地为"二战"留下的恐怖和殖民主义的黑暗时代画上句号。

大事年表

1881 年 俄罗斯数波大屠杀浪潮开展，一直持续到 1884 年。犹太复国主义运动在欧洲兴起。

1882 年 "第一次犹太回归浪潮"（1882—1904）。在巴勒斯坦建立三个殖民地：里雄莱锡安（Rishon LeZion）、奇科隆雅科夫（Zichron Yaacov）和罗什平纳（Rosh Pina）。

1897 年 在巴塞尔举行第一届犹太复国大会。成立世界犹太复国大会。

1898 年 第二届犹太复国大会。

1899 年 第三届犹太复国大会。

1901 年 犹太国家基金会（JNF）成立。

1904 年 "第二次犹太回归浪潮"（1904—1914）。

1908 年 巴勒斯坦办事处成立（1929 年转型为犹太事务局）。

1909 年 第一个基布兹——德加尼亚建立。建造特拉维夫。哈什默尔（Hashomer，即青年卫士团）成立。

1915—1916 年 侯赛因—麦克马洪通信。

1916 年 《赛克斯－皮科协定》。

1917 年 《贝尔福宣言》。英国占领巴勒斯坦并通过军事管理对其进行统治（直到 1920 年）。

1920 年 哈加纳（Haganah）成立。以色列总工会（Histadrut）成立。圣雷莫会议（San Remo Conference）授予英国对巴勒斯坦的委任权。

1922 年 英国承认外约旦为一个独立的政治实体，阿米尔·阿卜杜拉（Amir Abdullah）为其统治者。美国国会支持《贝尔福宣言》。

1923 年 国际联盟授予英国管辖巴勒斯坦和外约旦的"委任统治权"，然后由《洛桑条约》授权。

1931 年 伊尔贡（Irgun，犹太复国主义秘密军事组织）从哈加纳分裂出去。

1936 年 阿拉伯起义爆发，持续到 1939 年。

1937 年 皮尔皇家调查委员会成立。

1940 年 "莱希组织（Lehi）"（亦称斯特恩帮，Stern gang）从伊尔贡分裂出去。村庄档案项目启动。

1946 年 英美调查委员会成立。

1947 年 英国宣布委任结束，并将巴勒斯坦问题移交给联合国。联合国因此成立了一个特别委员会，提出分治建议。联合国大会通过巴以分治决议（第 181 号决议）。

1948 年 对巴勒斯坦的种族清洗：英国委任结束，美国和苏联宣布承认以色列国。以色列与从阿拉伯邻国进入巴勒斯坦的军队交战，同时完成了对巴勒斯坦一半人口的驱逐，摧毁了一半村庄，清空并摧毁了 12 个城镇中的 11 个。

1949 年　联合国大会通过第 194 号决议（呼吁巴勒斯坦难民回归）。以色列、约旦、黎巴嫩和埃及之间签订停战协定。对留在以色列境内的巴勒斯坦公民实行军事统治，直到 1966 年为止。

1950 年　阿拉伯国家的犹太人开始移民。

1956 年　以色列加入英法针对埃及总统纳赛尔发动的战争，占领西奈半岛和加沙地带。卡夫·卡西姆大屠杀。

1959 年　瓦迪萨利（Wadi Salib）暴乱（海法的米兹拉希犹太人发起的反歧视抗争）。

1963 年　本－古里安时代终结。

1967 年　六日战争：以色列占领西奈半岛和加沙地带、戈兰高地、东耶路撒冷和约旦河西岸。联合国安理会第 242 号决议呼吁以色列撤出所有被占领土。以色列在西岸和加沙的定居计划开始。

1973 年　10 月战争：以色列占领了埃及部分地区，并在一场奇袭的血腥冲突后保留了对戈兰高地的控制权。

1974 年　联合国安理会第 338 号决议重申巴勒斯坦人的自决权和民族独立权。

1976 年　以色列境内巴勒斯坦人举行"土地日抗议"（The Land Day Protests），反对加利利犹太化。

1977 年　梅纳赫姆·贝京（Menachem Begin）领导的利库德集团在经历了 30 年的工党统治后赢得了全国大选。埃及总统安瓦尔·萨达特（Anwar Sadat）访问耶路撒冷，并开始与以色列进行双边会谈。

1978 年　以色列和埃及签署和平条约。巴解组织对特拉维夫发动袭击，作为回击，以色列发动"利塔尼"行动（Litani），占领黎巴嫩南部部分地区。

1981 年　戈兰高地被以色列吞并。

1982 年　西奈半岛回到埃及手中。"加利利和平行动"中以色列入侵黎巴嫩，企图摧毁巴解组织。

1987 年　第一次巴勒斯坦大起义。

1989 年　东欧剧变，东欧集团中的犹太人和非犹太人大规模迁移到以色列。

1991 年　第一次海湾战争。美国在马德里召开巴勒斯坦问题国际会议。

1992 年　工党重新掌权，伊扎克·拉宾第二次出任总理。

1993 年　巴解组织和以色列在白宫签署了《奥斯陆协议》。

1994 年　巴勒斯坦民族权力机构成立，巴解组织主席亚西尔·阿拉法特抵达被占领土，成为巴勒斯坦民族权力机构主席。以色列和约旦签署和平条约。

1995 年　《奥斯陆二号协议》（Oslo II）签署（巴勒斯坦控制西岸和加沙地带部分地区的临时协议）。伊扎克·拉宾被暗杀。

1996 年　利库德集团重新掌权，组建了第一届本雅明·内塔尼亚胡政府。

1999 年 工党的埃胡德·巴拉克当选为总理。

2000 年 以色列从黎巴嫩南部撤军。第二次巴勒斯坦大起义爆发。

2001 年 利库德集团领导人阿里埃勒·沙龙当选为总理。他后来组建了自己的政党（前进党），并赢得了 2005 年的选举。

2002 年 西岸的隔离墙计划获得批准；2003 年开始建设。

2005 年 沙龙连任。发起"抵制、撤资和制裁运动"。以色列从加沙定居点和军事基地撤离。

2006 年 哈马斯赢得巴勒斯坦第二届立法委员会选举。以色列、中东问题四方（美国、俄罗斯、联合国和欧盟）、几个西方国家和阿拉伯国家对巴勒斯坦权力机构实施制裁，暂停所有对外援助。对加沙的围困开始了。第二次黎巴嫩战争爆发，以色列对加沙地带发动袭击。

2006 年 埃胡德·奥尔默特当选总理（2016 年 2 月，奥尔默特因贿赂和妨碍司法而被判处 19 个月监禁）。

2008 年 加沙战争——"铸铅行动"。据联合国和各人权组织统计，有 1400 多名巴勒斯坦人死亡，其中 926 人为手无寸铁的平民。3 名以色列平民和 6 名士兵被杀害。

2009—2013 年 第二届内塔尼亚胡政府执政。

2011 年 以色列爆发全国性社会抗议（"帐篷运动"）。

2012 年 "云柱行动"。四名以色列平民和两名士兵在巴勒斯坦火箭弹袭击中丧生。据联合国统计,共有 174 名巴勒斯坦人死亡,其中 107 人为平民。

2013—2015 年 第三届内塔尼亚胡政府执政。

2014 年 "护刃行动"。据主要资料估计,有 2125 至 2310 名加沙人被杀害(1492 名平民,包括 551 名儿童和 299 名妇女),10626 至 10895 人受伤(包括 3374 名儿童,其中 1000 多名儿童永久残疾)。66 名以色列士兵、5 名以色列平民(包括一名儿童)和一名泰国平民被杀,469 名以色列国防军士兵和 261 名以色列平民受伤。以色列摧毁了约 17000 所房屋,30000 所房屋遭到部分摧毁。

2015 年 第四届内塔尼亚胡政府执政。

感谢我的朋友马塞洛·斯维斯基(Marcelo Svirsky)编撰了这份大事年表。

注 释

第一章

1. Yonatan Mendel, *The Creation of Israeli Arabic: Political and Security Considerations in the Making of Arabic Language Studies in Israel*, London: Palgrave Macmillan, 2014, p. 188.
2. 源自以色列外交部网站：mfa.gov.il。
3. 关于奥斯曼帝国时期的耶路撒冷历史，可以参见今天的高中历史教科书，网址：cms.education.gov.il。
4. 有关此类贸易关系的重点研究，请参见：Beshara Doumani, *Rediscovering Palestine: Merchants and Peasants in Jabal Nablus, 1700–1900*, Berkeley: University of California Press, 1995.
5. Rashid Khalidi, *Palestinian Identity: The Construction of Modern National Consciousness*, New York: Columbia University Press, 2010, and Muhammad Muslih, *The Origins of Palestinian Nationalism*, Institute for Palestine Studies, 1989.
6. 有关该报及其在民族运动中发挥的作用，更多信息请参见：Khalidi, *Palestinian Identity*.
7. 作家对巴勒斯坦另一种可能的现代化方案进行了精彩的讨论，请参考论文集：Salim Tamari, *The Mountain Against the Sea: Essays on Palestinian Society and Culture*, Berkeley: University of California Press, 2008.

8. See Butrus Abu-Manneh, "The Rise of the Sanjaq of Jerusalem in the Nineteenth Century," in Ilan Pappe (ed.), The Israel/Palestine Question, London and New York: Routledge, 2007, pp. 40–50.
9. For a more detailed analysis see Ilan Pappe, *A History of Modern Palestine: One Land, Two Peoples*, Cambridge: Cambridge University Press, 2006, pp. 14–60.

第二章

1. Shlomo Sand, *The Invention of the Jewish People*, London and New York: Verso, 2010.
2. Thomas Brightman, *The Revelation of St. John Illustrated with an Analysis and Scholions*［sic］, 4th edn, London, 1644, p. 544.
3. 摘自他 1665 年 12 月 4 日写给斯宾诺莎的一封信中，转引自 Franz Kobler, *The Vision Was There: The History of the British Movement for the Restoration of the Jews to Palestine*, London: Birt Am Publications, 1956, pp. 25–26.
4. Hagai Baruch, *Le Sionisme Politique: Precurseurs et Militants: Le Prince De Linge*, Paris: Beresnik, 1920, p. 20.
5. Suja R. Sawafta, "Mapping the Middle East: From Bonaparte's Egypt to Chateaubriand's Palestine," PhD thesis submitted to the University of North Carolina at Chapel Hill, 2013.
6. A. W. C. Crawford, Lord Lindsay, *Letters on Egypt, Edom and the Holy Land*, Vol. 2, London, 1847, p. 71.
7. Quoted in Anthony Julius, *Trials of the Diaspora: A History of Anti-Semitism in England*, Oxford: Oxford University Press, 2010, p. 432.
8. "美国的犹太人：约翰·亚当斯总统拥抱犹太人的家园"（1819 年），网址：jewishvirtuallibrary.org.

9. Donald Lewis, *The Origins of Christian Zionism: Lord Shaftesbury and Evangelical Support for a Jewish Homeland*, Cambridge: Cambridge University Press, 2014, p. 380.

10. Anthony Ashley, Earl of Shaftesbury, Diary entries as quoted by Edwin Hodder, *The Life and Work of the Seventh Earl of Shaftesbury*, London, 1886, Vol. 1, pp. 310–11; see also Geoffrey B. A. M. Finlayson, *The Seventh Earl of Shaftesbury*, London: Eyre Methuen, 1981, p. 114; The National Register Archives, London, Shaftesbury (Broadlands) MSS, SHA/PD/2, August 1, 1840.

11. Quoted in Gertrude Himmelfarb, *The People of the Book: Philosemitism in England, From Cromwell to Churchill*, New York: Encounter Books, 2011, p. 119.

12. *The London Quarterly Review*, Vol. 64, pp. 104–105.

13. 同上。

14. 同上。

15. *The Times of London*, August 17, 1840.

16. Quoted in Geoffrey Lewis, *Balfour and Weizmann: The Zionist, The Zealot and the Emergence of Israel*, London: Continuum books, 2009, p. 19.

17. Deborah J. Schmidle, "Anthony Ashley–Cooper, Seventh Earl of Shaftesbury," in Hugh D. Hindman (ed.), *The World of Child Labour: An Historical and Regional Survey*, London and New York: M. E. Sharpe, 2009, p. 569.

18. 我在以前的书中提出了这个想法，Ilan Pappe, *The Rise and Fall of a Palestinian Dynasty: The Husaynis, 1700–1948*, London: Saqi Books, 2010, pp. 84, 117.

19. Helmut Glenk, *From Desert Sands to Golden Oranges: The History of the*

German Templers Settlement of Sarona in Palestine, Toronto: Trafford, 2005,关于圣殿派的大部分作品都是德语或希伯来语撰写的,这是为数不多的英语著作之一。

20. Alexander Scholch, *Palestine in Transformation, 1856–1882: Studies in Social, Economic, and Political Development*, Washington: Institute of Palestine Studies, 2006.
21. Pappe, *The Rise and Fall of a Palestinian Dynasty*, p. 115.
22. 维特这篇1970年写的文章,后来重新发表了。"The Balfour Declaration and Its Makers" in N. Rose (ed.), *From Palmerston to Balfour: Collected Essays of Mayer Verte*, London: Frank Cass, 1992, pp. 1–38.
23. J. M. N Jeffries, *Palestine: The Reality*, Washington: Institute of Palestine Studies, 2013.
24. 这本书后来重印了,Arthur Koestler, *The Khazar Empire and its Heritage*, New York: Random House, 1999.
25. Keith Whitelam, in *The Invention of Ancient Israel*, London and New York: Routledge, 1999, and Thomas L. Thompson, in *The Mythical Past: Biblical Archaeology and the Myth of Israel*, London: Basic Books, 1999,怀特勒姆创建了哥本哈根《圣经》极简主义学派,该学派致力于这一问题的主要论点和研究。
26. Shlomo Sand, *The Invention of the Jewish People, and The Invention of the Land of Israel: From Holy Land to Homeland*, London and New York: Verso, 2014.

第三章

1. Gershom Scholem, *From Berlin to Jerusalem: Youth Memoirs*, Jerusalem: Am Oved, 1982, p.34 (Hebrew).

2. 以下改革派的引述选自对其立场的一份评估，他们具有批判性并支持犹太复国主义，文章信息量非常丰富，全文可查阅。Ami Isserof, "Opposition of Reform Judaism to Zionism: A History" August 12, 2005, at zionism-israel.com.

3. Walter Lacquer, *The History of Zionism*, New York: Tauris Park Paperback, 2003, pp. 338–398.

4. 关于这场运动的最新著作：Yoav Peled, *Class and Ethnicity in the Pale: The Political Economy of Jewish Workers' Nationalism in Late Imperial Russia*, London: St. Martin's Press, 1989.

5. M. W. Weisgal and J. Carmichael (eds.), *Chaim Weizmann: A Biography by Several Hands*, New York: Oxford University Press, 1963.

6. Elie Kedourie, *Nationalism*, Oxford: Blackwell, 1993, p. 70.

7. Shlomo Avineri, *The Making of Modern Zionism: Intellectual Origins of the Jewish State*, New York: Basic Books, 1981, pp. 187–209.

8. 这本书可以在网络上免费下载：jewishvirtuallibrary.org.

9. See Eliezer Shweid, *Homeland and the Promised Land*, Tel Aviv: Am Oved, 1979, p. 218 (Hebrew).

10. Micha Yosef Berdichevsky, "On Both Sides," quoted in Asaf Sagiv, "The Fathers of Zionism and the Myth of the Birth of the Nation," Techelt, 5 (1998), p. 93 (Hebrew).

11. 关于这些选择的有益讨论，可参见：Adam Rovner, *In the Shadow of Zion: Promised Lands Before Israel*, New York: NYU Press, 2014.

12. 斯蒂芬·西泽在文章"The Road to Balfour: The History of Christian Zionism,"中对这一点进行了极好的总结，并提供了充分的参考，见网址：balfourproject.org.

13. Ingrid Hjelm and Thomas Thompson (eds.), *History, Archaeology and the Bible, Forty Years after "Historicity,"* London and New York: Routledge, 2016.

14. Ilan Pappe, "Shtetl Colonialism: First and Last Impressions of Indigeneity by Colonised Colonisers," *Settler Colonial Studies*, 2:1 (2012), pp. 39–58.

15. Moshe Bellinson, "Rebelling Against Reality," in *The Book of the Second Aliya*, Tel Aviv: Am Oved, 1947 (Hebrew), p. 48. 在已出版的图书中，关于第二次"阿利亚"的日记、信件和文章，这本书是体量最大的一部合集。

16. Yona Hurewitz, "From Kibush Ha-Avoda to Settlement," in *The Book of the Second Aliya*, p. 210.

17. Ilan Pappe, "The Bible in the Service of Zionism", in *Hjelm and Thompson, History, Archaeology and the Bible*, pp. 205–218.

18. 关于这些作品的讨论，并在早期将殖民主义范式引入犹太复国主义的研究，参见 Uri Ram, "The Colonisation Perspective in Israeli Sociology," in Ilan Pappe (ed.), *The Israel/Palestine Question*, London and New York: Routledge, 1999, pp. 53–77.

19. Michael Prior, *The Bible and Colonialism: A Moral Critique*, London: Bloomsbury 1997.

20. 这些主题在一本优秀的著作中进行了详尽的探讨，遗憾的是这本书只有希伯来语版本：Sefi Rachlevski, *The Messiah's Donkey*, Tel Aviv: Yeditot Achronot, 1998.

21. 这些言论于2014年7月1日发表在她的脸书页面上，并被以色列媒体广泛引用。

22. Quoted in Jonathan K. Crane, "Faltering Dialogue? Religious Rhetoric of Mohandas Ghandi and Martin Buber," *Anaskati Darshan*, 3:1 (2007),

pp. 34–52. See also A. K. Ramakrishnan, "Mahatma Ghandi Rejected Zionism," The Wisdom Fund, August 15, 2001, at twf.org.

23. Quoted in Avner Falk, "Buber and Ghandi," Ghandi Marg, 7th year, October 1963, p. 2. 有几个网站，如"甘地档案馆"（Ghandi Archives）也登载了完整的对话。

24. Ben-Zion Dinaburg's *The People of Israel in their Land: From the Beginning of Israel to the Babylonian Exile* was published in Hebrew in 1936 and a second volume, *Israel in Exile*, in 1946.

25. Martin Gilbert, *The Atlas of the Arab-Israeli Conflict*, Oxford: Oxford University Press, 1993.

26. 这封信登载于2014年11月29日的官方网站上。

27. Tom Segev, *One Palestine, Complete,* London: Abacus, 2001, p. 401.

第四章

1. Benjamin Beit-Hallahmi, *Original Sins: Reflections on the History of Zionism and Israel*, London: Palgrave Macmillan, 1992, p. 74.

2. Patrick Wolfe, "Settler Colonialism and the Logic of Elimination of the Native," *Journal of Genocide Research*, 8:4 (2006), pp. 387–409.

3. 同上。

4. See Pappe, "Shtetl Colonialism."

5. 关于这些作品的讨论，以及早期将殖民主义范式引入犹太复国主义的研究，参见：Ram, "The Colonisation Perspective in Israeli Sociology."

6. Natan Hofshi, "A Pact with the Land," in *The Book of the Second Aliya*, p. 239.

7. 我在书中详细研究了这些关系：*A History of Modern Palestine*, pp. 108–116.

8. Khalidi, *Palestinian Identity*, p. 239.

9. See Pappe, *A History of Modern Palestine*, pp. 109–116.

10. See Ilan Pappe, *The Ethnic Cleansing of Palestine*, Oxford: Oneworld, 2006, pp. 29–39.

11. See Pappe, *The Rise and Fall of a Palestinian Dynasty*, pp. 283–287.

12. 深入的分析，见：Ilan Pappe, *The Idea of Israel: A History of Power and Knowledge*, London and New York: Verso, 2010, pp. 153–178.

第五章

1. Nur Masalha, *Expulsion of the Palestinians: The Concept of "Transfer" in Zionist Political Thought, 1882–1948*, Washington: Institute for Palestine Studies, 1992.

2. See Anita Shapira, *Land and Power*, New York: Oxford University Press, 1992, pp. 285–286.

3. Quoted in David Ben-Gurion, *The Roads of Our State*, Am Oved: Tel Aviv, 1938, pp. 179–180 (Hebrew).

4. 同上。

5. 这封信的译文，可参考网站：palestineremembered.com.

6. Yosef Gorny, *The Arab Question and the Jewish Problem*, Am Oved: Tel Aviv, 1985, p. 433 (Hebrew).

7. Benny Morris, *Righteous Victims: A History of the Zionist–Arab Conflict, 1881–1999*, New York: Random House, 2001, p. 142.

8. Masalha, *Expulsion of the Palestinians*, p. 117.

9. 以色列媒体的报告：Maariv, March 31, 2008.

10. Berl Katznelson, *Writings*, Tel Aviv: Davar, 1947, Vol. 5, p. 112.

11. Central Zionist Archives, Minutes of the Jewish Agency Executive, May 7,

1944, pp. 17–19.
12. Central Zionist Archives, Minutes of the Jewish Agency Executive, June 12, 1938, pp. 31–32.
13. 同上。
14. 同上。
15. Shay Hazkani, "Catastrophic Thinking: Did Ben-Gurion Try to Rewrite History?," *Haaretz*, May 16, 2013.
16. 同上。
17. 同上。
18. 1961 年 5 月 12 日《旁观者》(*The Spectator*) 的爱尔兰记者厄斯金·查尔兹 (Erskine Childs) 是第一个驳斥这些呼吁的人。
19. Ilan Pappe, "Why were they Expelled?: The History, Historiography and Relevance of the Refugee Problem," in Ghada Karmi and Eugene Cortan (eds.), *The Palestinian Exodus, 1948–1988,* London: Ithaca 1999, pp. 37–63.
20. See Pappe, *The Ethnic Cleansing of Palestine*.
21. Avi Shlaim, *The Iron Wall: Israel and the Arab World,* London: Penguin, 2014.
22. 同上。
23. Avi Shlaim, *Collusion Across the Jordan: King Abdullah, the Zionist Movement and the Partition of Palestine,* New York: Columbia University Press, 1988.
24. 这一点得到了非常有说服力的证明：*Simha Flapan in The Birth of Israel: Myths and Realities,* New York: Pantheon, 1988.
25. 关于这一转折的更深刻的新材料，可参考新书：Irene Gendzier,

Dying to Forget: Oil, Power, Palestine, and the Foundations of US Policy in the Middle East, New York: Columbia University Press, 2015.

26. Ahmad Sa'di, "The Incorporation of the Palestinian Minority by the Israeli State, 1948–1970: On the Nature, Transformation and Constraints of Collaboration," Social Text, 21:2 (2003), pp. 75–94.
27. Walid Khalidi, "Plan Dalet: Master Plan for the Conquest of Palestine," Journal of Palestine Studies, 18:1 (1988), pp. 4–33.
28. Benny Morris, *The Birth of the Palestinian Refugee Problem Revisited*, Cambridge: Cambridge University Press, 2004, p. 426.
29. US State Department, Special Report on Ethnic Cleansing, May 10, 1999.
30. 我在 The Ethnic Cleansing of Palestine 中详细介绍了这一点。

第六章

1. 并非所有人都同意这一点。Avi Shlaim, *Israel and Palestine: Reprisals, Revisions, Refutations*, New York and London: Verso, 2010.
2. Shlaim, *Collusion Across the Jordan.*
3. 有关这一游说团体及其工作的更多信息，Tom Segev's *1967: Israel and the War That Transformed the Middle East*, New York: Holt and Company, 2008, and Ilan Pappe, "The Junior Partner: Israel's Role in the 1958 Crisis," in Roger Louis and Roger Owen (eds.), *A Revolutionary Year: The Middle East in 1958*, London and New York: I. B. Tauris 2002, pp. 245–274.
4. Pappe, "The Junior Partner."
5. 同上。
6. 同上。
7. Ben-Gurion Archive, Ben-Gurion Dairy, August 19, 1958.

8. 关于这些事件的真实情况，参见：David Shaham, *Israel: The First Forty Years*, Tel Aviv: Am Oved 1991, pp. 239–47 (Hebrew).
9. See Shalim, *The Iron Wall*, pp. 95–142.
10. Pappe, "The Junior Partner," pp. 251–252.
11. Ami Gluska, *The Israeli Military and the Origins of the 1967 War: Government, Armed Forces and Defence Policy, 1963–1967*, London and New York: Routledge 2007, pp. 121–122.
12. 我在文章中对此进行了详细的讨论，Ilan Pappe, "Revisiting 1967: The False Paradigm of Peace, Partition and Parity," *Settler Colonial Studies*, 3:3–4 (2013), pp. 341–351.
13. 诺曼·芬克尔斯坦（Norman Finkelstein）以他特有的方式，引用了以色列最优秀的喉舌之一阿巴·埃班（Abba Eban）所做的官方叙事，并将其推翻。*Image and Reality of the Israel–Palestine Conflict*, London and New York: Verso, 2003, pp. 135–145.
14. 1967年5月12日，拉宾在接受合众国际社采访时，威胁要推翻叙利亚政权。Jeremy Bowen, *Six Days: How the 1967 War Shaped the Middle East*, London: Simon and Schuster UK, 2004, pp. 32–33.
15. 同上。
16. 见 Avi Shlaim, "Walking the Tight Rope," in Avi Shlaim and Wm. Roger Louis (eds.), *The 1967 Arab–Israeli War: Origins and Consequences*, Cambridge: Cambridge University Press, 2012, p. 114.
17. Finkelstein, *Image and Reality*, pp. 125–135.
18. Moshe Shemesh, *Arab Politics, Palestinian Nationalism and the Six Day War*, Brighton: Sussex Academic Press, 2008, p. 117.
19. Israel State Archives, minutes of government meetings, June 11 and 18, 1967.

20. Valerie Zink, "A Quiet Transfer: The Judaization of Jerusalem," *Contemporary Arab Affairs*, 2:1 (2009), pp. 122–133.
21. Israel State Archives, minutes of government meeting, June 26, 1967.
22. *Haaretz*, June 23, 1967.
23. Dan Bavli, *Dreams and Missed Opportunities, 1967–1973*, Jerusalem: Carmel, 2002 (Hebrew).
24. 同上，第 16 页。
25. Noam Chomsky, "Chomsky: Why the Israel–Palestine 'Negotiation' are a Complete Farce," Alternet.org, September 2, 2013.
26. Idith Zertal and Akiva Eldar, *The Lords of the Land: The War Over Israel's Settlements in the Occupied Territories, 1967–2007*, New York: Nation Books, 2009.
27. Mazin Qumsiyeh, *Popular Resistance in Palestine: A History of Hope and Empowerment*, London: Pluto Press, 2011.

第七章

1. 作者在书中详细描述过这种生活，参见：Ilan Pappe, *The Forgotten Palestinians: A History of the Palestinians in Israel*, New Haven and London: Yale University Press, 2013, pp. 46–93.
2. Morris, *The Birth of the Palestinian Refugee Problem Revisited*, p. 471.
3. See Pappe, *The Ethnic Cleansing of Palestine*, pp. 181–187.
4. Shira Robinson, "Local Struggle, National Struggle: Palestinian Responses to the Kafr Qasim Massacre and its Aftermath, 1956–66," *International Journal of Middle East Studies*, 35 (2003), pp. 393–416.
5. Natan Alterman, "A Matter of No Importance," *Davar*, September 7, 1951.
6. Natan Alterman, "Two Security Measures," *The Seventh Column, Vol. 1*, p.

291 (Hebrew).
7. 我已将这些列在了 *The Forgotten Palestinians* 一书中。
8. See Pappe, *The Forgotten Palestinians*, p. 65.
9. 见以色列阿拉伯人权益保护法律援助中心（Adalah）的报告，"An Anti-Human Rights Year for the Israeli Supreme Court," December 10, 2015, at adalah.org.
10. *The Jerusalem Post*, November 24, 2011.
11. See Ilan Pappe, "In Upper Nazareth: Judaisation," *London Review of Books*, September 10, 2009.
12. See Amnon Sella, "Custodians and Redeemers: Israel's Leaders' Perceptions of Peace, 1967–1979," *Middle East Studies*, 22:2 (1986), pp. 236–251.
13. Motti Golani, *Palestine Between Politics and Terror, 1945–1947*, Brandeis: Brandeis University Press, 2013, p. 201.
14. 关于每一次此类恐怖拆除的详细描述，可在网站 Committee Against House Demolitions 上查到，网址：ichad.org.
15. 见以色列非政府组织 Yesh Din 的报告，"Law Enforcement on Israeli Civilians in the West Bank," at yesh-din.org.
16. See "Israel and Occupied Palestinian Territories," at amnesty.org.
17. 从 1987 年起，对死亡人数的统计更加准确，不过整个时期都有可靠的资料来源。可查看以色列占领区人权信息中心（B'Tselem）的死亡报告，可访问统计页面：btselem.org。其他来源包括 IMEMC 和联合国人道主义事务协调办公室的报告。
18. 一份更全面的关于囚犯人数的报告，可参见 Mohammad Ma'ri, "Israeli Forces Arrested 800,000 Palestinians since 1967," *The Saudi*

Gazette, December 12, 2012.

19. 见杜鲁门图书馆的文件, "The War Relocation Authority and the Incarceration of the Japanese-Americans in the Second World War," at trumanlibrary.org.

20. See "Torture in Israeli Prisons," October 29, 2014, at *middleeastmonitor.com*.

21. Oren Yiftachel and As'ad Ghanem, "Towards a Theory of Ethnocratic Regimes: Learning from the Judaisation of Israel/Palestine," in E. Kaufman (ed.), *Rethinking Ethnicity, Majority Groups and Dominant Minorities*, London and New York: Routledge, 2004, pp. 179–197.

22. See Uri Davis, *Apartheid Israel: Possibilities for the Struggle from Within*, London: Zed Books, 2004.

第八章

1. Masalha, *Expulsion of the Palestinians*, p. 107.

2. Walid Khalidi, "Revisiting the UNGA Partition Resolution," *Journal of Palestine Studies*, 27:1 (1997), pp. 5–21.

3. 对通往《奥斯陆协议》进程的最好阐释, 见 Hilde Henriksen Waage, "Postscript to Oslo: The Mystery of Norway's Missing Files," *Journal of Palestine Studies*, 38:1 (2008), pp. 54–65.

4. See "1993 Oslo Interim Agreement," at israelipalestinian.procon.org.

5. See Ian Black, "How the Oslo Accord Robbed the Palestinians," *Guardian*, February 4, 2013.

6. See "Meeting Minutes: Taba Summit—Plenary Session," at thepalestinepapers.com.

7. Ilan Pappe, *The Making of the Arab–Israeli Conflict, 1948–1951*, London

and New York: I.B. Tauris, 1992, pp. 203-243.
8. Robert Bowker, *Palestinian Refugees: Mythology, Identity and the Search for Peace*, Boulder: Lynne Rienner Publishers, 2003, p. 157.
9. Meron Benvenisti, *West Bank Data Project: A Survey of Israel's Politics*, Jerusalem: AEI Press, 1984.
10. Robert Malley and Hussein Agha, "Camp David: The Tragedy of Errors," *New York Review of Books*, August 9, 2001.
11. Daniel Dor, *The Suppression of Guilt: The Israeli Media and the Reoccupation of the West Bank*, London: Pluto Press, 2005.
12. Raviv Drucker and Ofer Shelah, *Boomerang*, Jerusalem: Keter, 2005 (Hebrew)
13. 全文见: "Sharm El-Sheikh Fact-Finding Committee Report: 'Mitchell Report'," April 30, 2001, at eeas.europa.eu.

第九章

1. Ilan Pappe, "The Loner Desparado: Oppression, Nationalism and Islam in Occupied Palestine," in Marco Demchiles (ed.), *A Struggle to Define a Nation* (forthcoming with Gorgias Press).
2. Pappe, *The Idea of Israel*, pp. 27–47.
3. 同上，第 153—178 页。
4. 这本书中有着令人耳目一新的观点，Sara Roy, *Hamas and Civil Society in Gaza: Engaging the Islamist Social Sector*, Princeton: Princeton University Press, 2011.
5. Yehuda Lukacs, *Israel, Jordan, and the Peace Process*, Albany: Syracuse University Press, 1999, p. 141.

6. Quoted in Andrew Higgins, "How Israel Helped to Spawn Hamas," *Wall Street Journal,* January 24, 2009.
7. Shlomi Eldar, *To Know the Hamas*, Tel Aviv: Keter, 2012 (Hebrew).
8. Ishaan Tharoor, "How Israel Helped to Create Hamas," *Washington Post,* July 30, 2014.
9. 夏邦（Chabon）于 2016 年 4 月 25 日接受《国土报》采访。
10. 关于内塔尼亚胡如何利用一名大学生提出"文明冲突"这一理论的精彩分析，参见：Joshua R. Fattal, "Israel vs. Hamas: A Clash of Civilizations?," *The World Post,* August 22, 2014, at huffingtonpost.com.
11. "Hamas Accuses Fatah over Attack," *Al Jazeera,* December 15, 2006.
12. 其中一个目击者细说那段艰难的日子：Ibrahim Razzaq, "Reporter's Family was Caught in the Gunfire," *Boston Globe,* May 17, 2007.
13. "Palestine Papers: UK's MI6 'tried to weaken Hamas,'" BBC News, January 25, 2011, at bbc.co.uk.
14. Ian Black, "Palestine Papers Reveal MI6 Drew up Plan for Crackdown on Hamas," *Guardian,* January 25, 2011.
15. 他的观点可参考：Yuval Steinitz, "How Palestinian Hate Prevents Peace," *New York Times,* October 15, 2013.
16. Reshet Bet, Israel Broadcast, April 18, 2004.
17. Benny Morris, Channel One, April 18, 2004, and see Joel Beinin, "No More Tears: Benny Morris and the Road Back from Liberal Zionism," MERIP, 230 (Spring 2004).
18. Pappe, "Revisiting 1967."
19. Ari Shavit, "PM Aide: Gaza Plan Aims to Freeze the Peace Process," *Haaretz,* October 6, 2004.

20. *Haaretz*, April 17, 2004.
21. Pappe, "Revisiting 1967."
22. 关于那一天的精彩分析，可参考：Ali Abunimah, "Why All the Fuss About the Bush–Sharon Meeting," Electronic Intifada, April 14, 2014.
23. Quoted in Yediot Ahronoth, April 22, 2014.
24. See "Legal Consequences of the Construction of a Wall in the Occupied Palestinian Territory," on the ICJ website, icj-cij.org.
25. 2004年3月，贝林起初反对脱离接触，但从2004年7月起，他公开支持脱离接触。Channel One interview, July 4, 2004.
26. 参见B'Tselem网站上的死亡统计数据，网址：btselem.org.
27. Leslie Susser, "The Rise and Fall of the Kadima Party," *Jerusalem Post*, August 8, 2012.
28. John Dugard, Report of the Special Rapporteur on the Situation of the Human Rights in the Palestinian Territories Occupied by Israel since 1967, UN Commission on Human Rights, Geneva, March 3, 2005.
29. See the analysis by Roni Sofer in Ma'ariv, September 27, 2005.
30. Anne Penketh, "US and Arab States Clash at the UN Security Council," *Independent*, March 3, 2008.
31. David Morrison, "The Israel–Hamas Ceasefire," Sadaka, 2nd edition, March 2010, at web.archive.org.
32. "WikiLeaks: Israel Aimed to Keep Gaza Economy on the Brink of Collapse," Reuters, January 5, 2011.
33. Morrison, "The Israel–Hamas Ceasefire."
34. 见B'Tselem的报告："Fatalities during Operation Cast Lead," at btselem.org.

35. "Gaza Could Become Uninhabitable in Less Than Five Years Due to Ongoing 'De-development'," UN News Centre, September 1, 2015, at un.org.

第十章

1. Daniel Clinton, "Jeremy Corbyn Appears to Compare Supporters of Israel with ISIS at Release of Anti-Semitism Report," *Jerusalem Post*, June 30, 2016.
2. 关于"字典"的比喻，参见：Noam Chomsky and Ilan Pappe, *On Palestine*, London: Penguin, 2016.